276.

BIBLIOTHÈQUE HAÏTIENNE

ESSAI

SUR LA

POLITIQUE INTÉRIEURE D'HAÏTI.

PROPOSITION D'UNE POLITIQUE NOUVELLE.

PAR

Emmanuel ÉDOUARD,

LICENCIÉ EN DROIT DE L'ÉCOLE DE PARIS.

« Noirs et Jaunes que la duplicité raffinée des
« Européens a cherché si longtemps à diviser,
« vous qui ne faites aujourd'hui qu'un même
« tout, qu'une seule famille, n'en doutez pas
« votre parfaite réconciliation avait besoin d'être
« scellée du sang de vos bourreaux. Mêmes ca-
« lamités ont pesé sur vos têtes proscrites, même
« ardeur à frapper vos ennemis vous a signalés,
« même sort vous est réservé, mêmes intérêts
« doivent donc vous rendre à jamais unis, indivi-
« sibles et inséparables. Maintenez cette pré-
« cieuse concorde, cette heureuse harmonie parmi
« vous : c'est le gage de votre bonheur, de votre
« salut, de vos succès ; c'est le secret d'être in-
« vincibles. » (J.-J. DESSALINES, *Proclamation à
la nation*, 28 avril 1804, an 1er de l'Indépendance d'Haïti.)

Prix : 2 fr. 50

PARIS

AUGUSTIN CHALLAMEL, ÉDITEUR,
LIBRAIRIE COLONIALE,
5, rue Jacob, et rue de Furstenberg, 2.

1890

ESSAI

SUR LA

POLITIQUE INTÉRIEURE D'HAÏTI.

PROPOSITION D'UNE POLITIQUE NOUVELLE.

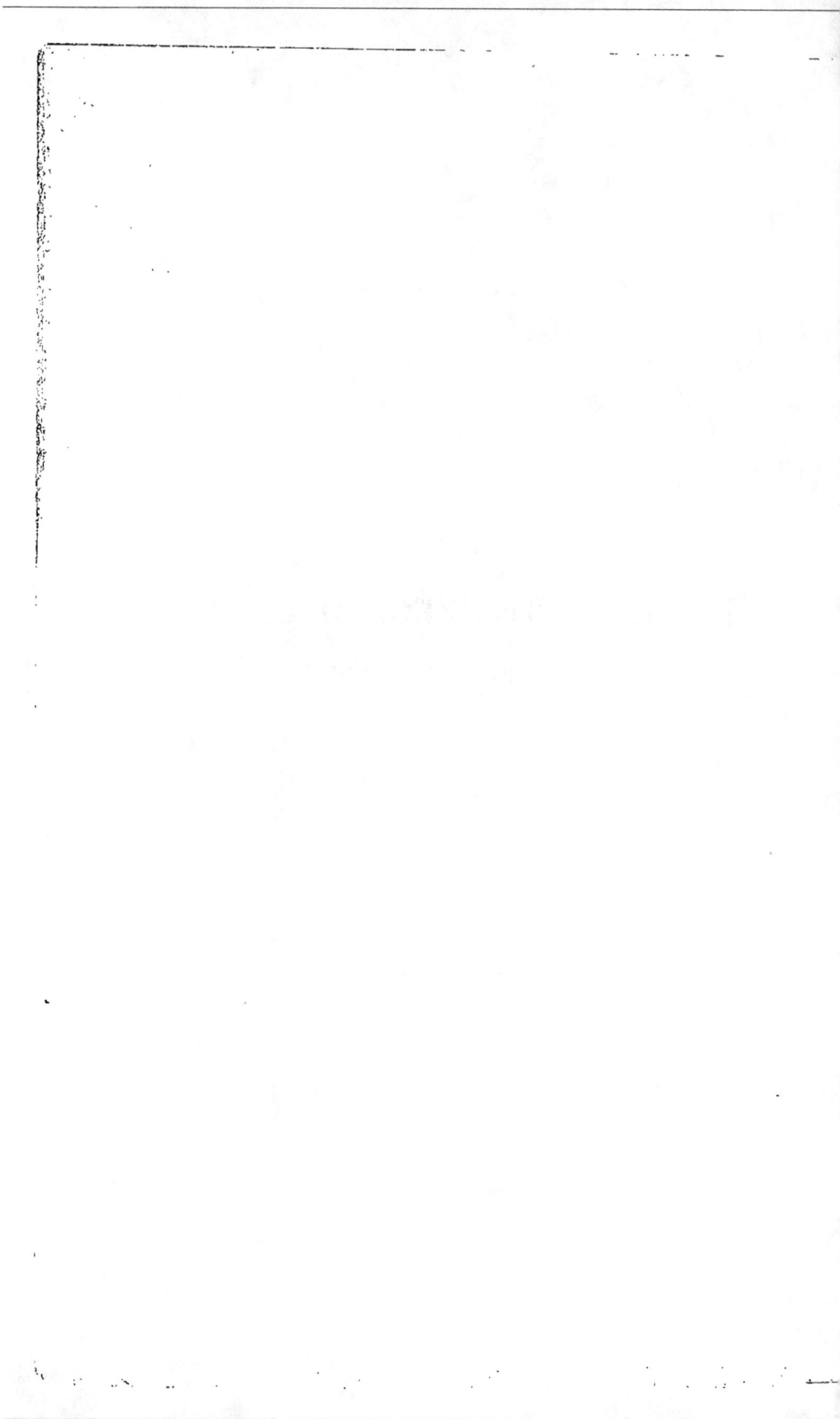

ESSAI

SUR LA

POLITIQUE INTÉRIEURE D'HAÏTI.

PROPOSITION D'UNE POLITIQUE NOUVELLE.

PAR

Emmanuel ÉDOUARD,

LICENCIÉ EN DROIT DE L'ÉCOLE DE PARIS.

« Noirs et Jaunes que la duplicité raffinée des
« Européens a cherché si longtemps à diviser,
« vous qui ne faites aujourd'hui qu'un même
« tout, qu'une seule famille, n'en doutez pas :
« votre parfaite réconciliation avait besoin d'être
« scellée du sang de vos bourreaux. Mêmes ca-
« lamités ont pesé sur vos têtes proscrites, même
« ardeur à frapper vos ennemis vous a signalés,
« même sort vous est réservé, mêmes intérêts
« doivent donc vous rendre à jamais unis, indivi-
« sibles et inséparables. Maintenez cette pré-
« cieuse concorde, cette heureuse harmonie parmi
« vous : c'est le gage de votre bonheur, de votre
« salut, de vos succès; c'est le secret d'être in-
« vincibles. » (J.-J. DESSALINES. *Proclamation à
la nation : 28 avril 1804, an 1er de l'Indépendance d'Haïti.)

PARIS

AUGUSTIN CHALLAMEL, ÉDITEUR,

LIBRAIRIE COLONIALE,

5, rue Jacob, et rue de Furstenberg, 2.

1890

OUVRAGES DE M. Emmanuel ÉDOUARD.

Haïti et la Race noire. Derenne. Paris, boulevard Saint-Michel.

Haïti et la Banque agricole et foncière. Chez le même.

La République d'Haïti à l'Apothéose de Victor Hugo. Chez le même.

Rimes haïtiennes. *Poésies.* 1 vol. E. Dentu. éditeur; Paris, Palais-Royal, et Port-au-Prince, chez l'auteur, Grand'rue.

Solution de la crise industrielle française. — La République d'Haïti, etc. — Ghio, éditeur; Paris, Palais-Royal, Galerie d'Orléans.

Le Panthéon haïtien. *Prose et Poésie.* Chez le même.

Recueil général des Lois et Actes du Gouvernement d'Haïti. Tome VII et VIII. *Publication officielle.* (Collection Linstant Pradine). Pedone-Lauriel; Paris, 13, rue Soufflot.

A PARAITRE :

LETTRES ET NOTES SUR L'HISTOIRE D'HAÏTI

J.P. Boyer. — Charles Hérard aîné. — Ph. Guerrier. — Empire de Faustin Ier.

PRÉFACE.

Je publie ici, sans commentaires, les extraits
suivants de quelques journaux de France, que
j'avais recueillis pour une autre destination, et quel
ques lettres. Ces pièces présentent, de la situation de l'homme noir dans le monde civilisé, un
tableau exact ; elles tiendront lieu, dans ce volume, d'une préface très instructive pour les haïtiens :

PARIS VIVANT.

Boule-de-Neige.

« Au moment où paraissent ces lignes, il n'y
aura peut-être plus trace de neige à Paris, ni
dans les rues, ni sur les maisons. La neige ne
résiste ni au soleil ni à la pluie. Je ne puis, cependant, me dispenser de parler d'elle pour la
seconde fois. Voici, en effet, deux ou trois mois
qu'elle est devenue notre hôte, qu'elle ne veut
pas nous quitter. On la sent tournailler tout à
l'entour, jusqu'à ce qu'elle se décide, soudaine-

ment, comme hier, à tomber et à couvrir le sol.

« L'avalanche, c'est le mot, est survenue avant minuit, quand tout le monde était encore au cercle, au théâtre. Aussi, la sortie a-t-elle été des plus pittoresques. Les spectateurs de l'Opéra, du Gymnase, du Vaudeville, se sont cru transportés en Sibérie. Comment rentrer chez soi? Les cochers ne voulaient pas marcher et demandaient des sommes folles pour la plus petite course. Peut-être serait-il bon d'avoir un tarif en temps de neige? Encore, avec une voiture, n'était-on pas sûr d'arriver chez soi.

. . . .

. . . .

« En une heure, le boulevard a été vide, les rues désertes. Il n'est plus resté que les voitures en détresse. Les passants, marchant avec précaution, faisant craquer la neige sous leurs pas, se hâtaient de regagner leur domicile. Quant aux noctambules, ils étaient seuls dans la joie et savouraient ce décor nouveau. Lorsque je suis arrivé dans ma rue, c'était la solitude la plus absolue. Tout était d'un admirable blanc. A peine quelques traces de pas se remarquaient-elles sur la neige qui était presque immaculée. Une petite bise très aigre fouettait agréablement le visage, et la lune avait fait son apparition, entourée de

nuages roussâtres attestant que l'ouragan nei-
geux n'était que dissipé.

« Les becs de gaz éclairaient très bien le spectacle de cette solitude, et j'admirais le tableau,
quand des gémissements sont parvenus à mon
oreille. En effet, non loin de ma maison, une
femme, blottie contre une porte, semblait attendre et appeler. Je m'approchai, et quelle ne fut
pas ma surprise de voir une négresse.

« Elle pouvait bien avoir cinquante ans et ses
vêtements révélaient la misère. Sur la tête un
madras aux couleurs bariolées, aux oreilles des
pendants en chrysocale. En face de la neige, le
noir de la peau se détachait singulièrement, et
faisait un pittoresque contraste qui eût séduit
plus d'un peintre. La pauvre négresse, d'ailleurs,
faisait pitié ; elle se lamentait en poussant des
exclamations, des gémissements d'une nature
inconnue à Paris. « Moi, bien malheureuse,
criait-elle ; moi, coucher dehors depuis trois
jours. Connais personne, personne ! »

« Ce dernier cri fendait le cœur. Être sans domicile quand on est blanc, c'est déjà bien cruel ;
mais quand on est nègre ! c'est plus qu'un malheur. Il m'a été impossible d'arracher à l'abandonnée le moindre des détails sur sa mésaven-
ture. J'ai cru comprendre qu'elle avait été
chassée par son maître, un saltimbanque. Pour-

quoi? impossible de lui en faire dire davantage :
lui m'a battue, puis chassée. Ai rien fait, rien
fait. Pauvre Boule-de-Neige! — Boule-de-Neige,
c'est votre nom? — Oui, moi, Boule-de-Neige,
bien brave. Mon père, riche, à la Martinique.

« Et puis, elle se mit à pleurer. Des sergents de
ville arrivèrent; je plaidai sa cause. « On ne peut,
dis-je, la laisser dehors, cette malheureuse; elle
a froid; elle n'a pas mangé, sans doute. » — «Oh!
une négresse, me répondirent les sergots, il faut
la laisser. » Cependant, sur mon observation, on
aida l'infortunée à se lever; on se décida à tâcher
de lui trouver un abri. Il y avait là, tout près, un
petit hôtel; je m'offris à payer la location de sa
chambre, ce qui parut énormément surprendre
mes deux agents de l'autorité. Enfin, on ouvrit
la porte du garni; un garçon, grommelant, de
mauvaise humeur, entrebâilla la porte et de-
manda ce qu'on lui voulait. « Une chambre pour
quelqu'un. » La porte s'ouvrit une peu plus
grande. « Pour cette pauvre négresse. » Cette
fois, la porte se referma violemment. On aurait
accueilli une blanche, mais une négresse, c'était
en dehors des habitudes de la maison.

« J'engageai, alors, les agents à la mener au
poste, car elle faisait mal à voir et semblait, ma
foi, sur le point d'expirer. Ils hésitèrent encore
et l'un d'eux me dit : « Ça va empester le poste,

une négresse. On n'aura jamais vu chose pareille. » Enfin, je crois que la pitié les gagna à leur tour, et ils emmenèrent Boule-de-Neige au violon.

« Ce matin, mon premier soin a été d'aller prendre de ses nouvelles. Elle avait eu des syncopes, et il avait fallu la porter à l'hôpital.

« Pauvre Boule-de-Neige ! »

FURETIÈRES.

(Extrait du supplément du *Soleil,* journal de Paris, dimanche, 25 février 1888.)

L'HOMME NOIR.

L'esprit de lord Salisbury. — Le « nègre » du premier ministre.

Londres, 20 décembre. « Lord Salisbury médite à l'heure présente, sur le péril des improvisations. Depuis quinze jours, une phrase de son discours d'Édimbourg a fait verser des torrents d'encre ; la presse indienne ne l'a pas plus épargné que la presse libérale anglaise...

« Cet extraordinaire premier ministre, qui n'aime ni le général Boulanger, il l'a dit, ni les Irlandais, qualifiés par lui de Hottentots, n'a pas plus de tendresse pour les sujets coloniaux

1.

de Sa Majesté. Parlant d'un professeur très dis-
tingué, M. Naoroji, qui a été candidat libéral à
Londres, il s'est textuellement exprimé en ces
termes : « Si grands que soient les progrès de
« l'esprit humain, et tout en nous plaçant au-
« dessus des préjugés, je ne puis croire qu'une
« circonscription britannique en arrive à se faire
« représenter par un « homme noir ».

« L'injure était grossière, l'assimilation à un
nègre exprimant, ici, le plus profond mépris.
Aussi a-t-elle été ressentie vivement à Bombay
aussi bien qu'à Calcutta où les feuilles conser-
vatrices font chorus, à cette occasion, avec les
organes de l'opposition.

De plus, l'insulte était impropre, M. Naoroji
n'ayant nullement l'apparence d'un *black man*,
etc., *etc.* »

(Extrait de *La Presse*, journal de Paris, dimanche 23
décembre 1888.)

LE PARADIS DES NÈGRES.

« Un nègre du plus bel ébène, M. Frederick
Douglass, ancien esclave devenu diplomate, récemment nommé ministre des États-Unis à
Haïti, a donné, ces jours-ci, quelques soucis à son
gouvernement.

« C'est que, dans la libre Amérique, pour le noir tout n'est pas encore rose à l'heure actuelle. Malgré les campagnes énergiques entreprises par plusieurs journaux de là-bas rédigés par des hommes de couleur, il y est toujours considéré comme une sorte de paria. Le blanc, si dédaigneux, évite soigneusement son contact.

« Il fallait empêcher toute atteinte au prestige des hautes fonctions dont M. Frederick Douglass est revêtu, lui épargner les désagréments que pouvaient lui causer les préjugés contre sa race, s'il se servait des moyens ordinaires de transport pour gagner son poste. Tout est arrangé pour le mieux.

« Le diplomate au teint bruni n'aura pas à rougir en route, — nous parlons au figuré, — d'humiliations calculées ou de grossièretés voulues. On mande de Washington que le département de l'État a décidé que son voyage s'effectuerait à bord des navires de guerre, sur lesquels on lui rendra, sinon de gré, du moins de force, tous les honneurs que commande sa situation. Le croiseur *Dispath* le transportera, de la capitale à la forteresse Monroe, et l'*Ossipee*, de la forteresse Monroe à Port-au-Prince.

« *All right.*

« Cette mesure officielle indique un état d'esprit que, généralement, l'on ne soupçonne guère

en France, bien que, journellement, il se signale
aux États-Unis par des exemples significatifs.

« Nos confrères d'outre-mer nous apprennent
qu'à Boston, les épiciers refusent d'employer,
dans leurs boutiques, des nègres et des négresses,
quel que soit leur mérite, simplement à cause de
leur couleur. A bord de certains bateaux à va-
peur fluviaux, il est formellement interdit à ces
enfants trop gâtés du soleil de prendre place à
la même table que les blancs.

« Dans le Tennessee, à Knoxville, les maçons
au visage pâle se refusent à travailler avec les
noirs. A Atlanta, le nègre le mieux élevé ne
peut, au spectacle, prendre place qu'à la galerie;
dans la cité des églises, à Brooklyn même, les
noirs sont relégués dans un coin à part, même
lors des lectures ou conférences données à leur
profit; et enfin, — et c'est là le comble, — à As-
bury-Park, dans le New-Jersey, l'accès des
bains de mer leur est défendu à l'heure où se
baignent les blancs. Pensez donc, s'ils allaient
déteindre !

« Nous pourrions citer beaucoup d'autres faits
précis établissant que, dans les États du Nord
comme dans les États du Sud, tout le monde a
conservé les préjugés d'antan en matière de couleur.

« Tout en en reconnaissant l'absurdité, les gens

les plus éclairés déclarent qu'il leur est impossible de les surmonter et qu'ils ne peuvent considérer un nègre comme leur égal. Abraham Lincoln, dans un débat fameux, se déclarait, il y a bientôt trente ans, l'adversaire de l'égalité politique et sociale de la race blanche et de la race noire. « Entre les nègres et nous, s'écriait-il, la nature a tracé une barrière qui ne disparaîtra jamais. »

« Les hommes de couleur ont, depuis que ces paroles ont été prononcées, escaladé la barrière avec une certaine désinvolture, et, s'il était encore de ce monde, le brave Lincoln pourrait voir journellement dans son pays un accusé de race blanche jugé par un jury mixte. Néanmoins, le cas de M. Frederick Douglass nous démontre combien est encore arriéré, sous certains rapports, un peuple que l'on se plaît à nous représenter comme marchant à l'avant-garde de l'humanité dans la voie du progrès.

« Le meilleur pays pour les noirs, voyez-vous, c'est encore Paris. L'Exposition le prouve. Ici, on les gave de banquets, on les sature de musique, on les décore du Mérite agricole, des palmes académiques, voire même de la Légion d'honneur ; on leur ouvre à deux battants, comme à des visiteurs de marque, les portes de l'Opéra, de la Morgue, de l'Académie ; les minis-

tres leur font des discours et M. Carnot leur
serre la main. Tous ceux qui sont venus nous
voir s'en retournent enchantés, de la joie plein
le cœur, des souvenirs plein les poches, quand
ils ont des poches.

« Paris ne discute ni des goûts ni des couleurs.
Paris est le paradis des nègres.

(Extrait du *Petit Journal*, journal de Paris, vendredi
11 octobre 1889.)

GUERRE AUX CRÉOLES.

Nous lisons dans le *Progrès*, de Pondichéry,
l'article suivant, qui mérite d'attirer l'attention
de l'Administration des colonies :

« Au nom des Créoles de toutes les Colonies
françaises, résidant en Cochinchine, M. Gustave Vinson, avocat à Saïgon, protestait publiquement, en 1885, contre la tendance du député
Blancsubé et de son parti politique, à créer une
division nouvelle entre les Français de la Métropole et les Français d'Outre-Mer et adjurait ses
compatriotes de la Mère-Patrie de répudier, géné-
reusement et patriotiquement, la distinction que
des esprits intéressés voulaient faire entre Européens et Créoles.

« A cinq ans de distance, nous pouvons re-
nouveler, aujourd'hui, la même protestation ; car
la guerre qui commençait à cette époque, en
Cochinchine, contre les originaires des Colonies,
n'a fait que s'accentuer et est, aujourd'hui, à l'état
aigu. Les préjugés de couleur ou de race y règnent
avec une puissance qu'on n'a peut-être pas con-
nue aux Antilles, au temps où florissait le hideux
esclavage. Et, chose curieuse à noter, ce sont
des Français de la Métropole, les fils de la Révolution, qui professent ces préjugés !

« M. Blancsubé, au sein même du Conseil
colonial de la Cochinchine, criait à l'*envahisse-
ment nègre !* M. Laurans « envisage comme une
nécessité politique d'éliminer les Indiens d'une
colonie où rien ne les appelle. « Si, dit-il, la
France, dans sa libéralité, a admis les Indiens
au bénéfice de nos lois civiles et politiques, elle
ne leur a jamais promis de leur donner des
places dans les pays acquis de ses millions et
de son sang ! » M. Carabelly propose l'*expulsion
en masse* de tous nos compatriotes, et il n'y a
pas si longtemps de cela, il exigeait des Créoles
de Pondichéry, plus blancs que lui-même, qu'ils
fournissent la preuve de leur origine euro-
péenne, afin d'être inscrits sur les listes électo-
rales de Saïgon. Un directeur de l'Intérieur, que

nous ne voulons pas nommer, avait pris pour
règle de conduite de demander, tout d'abord, à
ceux qui sollicitaient des places de l'Administration, s'ils n'était pas créoles, et, dans le cas
de l'affirmative, il leur répondait cyniquement :
« Des créoles! j'en ai beaucoup trop dans mon
Administration, et je n'en veux plus. » Un chef
de bureau de la direction de l'Intérieur, dont
nous voulons bien aussi taire le nom, ne crai-
gnait pas de jeter à la face de ses subalternes
créoles, les meilleurs de ses employés, l'insulte
grossière suivante : « Les créoles, c'est la pour-
riture ! » Un créole quelque peu noir ou bronzé,
quelle que soit, d'ailleurs, sa valeur, ne peut pas
entrer dans les affaires indigènes. Le seul ac-
tuellement dans la carrière est un ancien sous-
officier comptant 20 ou 25 ans de séjour et de
services en Cochinchine ; il lui a fallu attendre
6 ans pour passer administrateur de 3ᵉ classe !
Le croirait-on? Les préjugés de couleur ou de
race ont franchi le seuil même de la magistrature cochinchinoise, et tel magistrat européen
traite volontiers de nègres ou de Malabars ses
collègues des colonies! L'honorable M. Céloron
de Blainville, nommé directeur du service local
de la Cochinchine, n'a pas été épargné, à cause
de sa couleur. On combattit son administration
avec un acharnement inouï dans la crainte qu'é-

tant créole, il ne soutînt les créoles et ne les pro-
tégeât contre leurs adversaires.

« Après ces faits, que personne ne pourra ré-
cuser, ne nous sera-t-il pas permis de protester
aujourd'hui, comme M. Gustave Vinson le faisait en 1885, contre la distinction qu'on fait, en
Cochinchine, des Français de la Métropole
avec les Français d'Outre-Mer, contre les haines et les préjugés que les premiers professent à l'égard des seconds ? Pour notre part,
nous ne demandons que la paix. Si on veut continuer à nous faire la guerre, qu'on ne s'étonne
pas de nous voir résister pour ne pas nous laisser égorger.

(Extrait de la *Liberté coloniale*, journal de Paris,
mardi 22 juillet 1890.)

—————◦◦◦◦◦◦◦◦◦◦◦—————

Lettre de M. M... à M. EMMANUEL ÉDOUARD.

———————

« Monsieur,

« J'ai l'honneur de vous remercier du mal que
« vous vous donnez pour moi. Je n'ai rien trouvé
« encore ; je cherche toujours. On m'avait indi-
« qué une place, ces jours derniers, à la distil-
« lerie J..., Quai de la Tournelle, et je m'y suis

« rendu. La personne chargée de recruter le per-
« sonnel m'a répondu brutalement que la place
« n'était pas pour un nègre, qu'elle aimerait
« mille fois mieux un Prussien ou un Italien. A
« ce propos, un individu est venu chez moi, il y
« a quelques jours, pour m'inviter à signer une
« pétition des électeurs de mon arrondissement
« au Conseil municipal en faveur du projet de
« chemin de fer métropolitain. Je l'ai repoussé
« et lui ai signifié de s'adresser à des Prussiens
« ou à des Italiens, puisque ces gens-là sont
« mieux vus en France que des français. Tout
« cela est bien triste ! Si jamais le pays était at-
« taqué, on me remettrait, cependant, un fusil
« pour le défendre, sans s'occuper de ma cou-
« leur ! Ensuite, ayant appris qu'il y avait une
« place vacante au Jardin des Plantes, j'y suis
« allé. La personne qui pouvait m'engager était
« bien disposée à mon égard et m'aurait retenu
« sur-le-champ, à ce qu'elle m'a dit, si j'étais
« blanc, mais, vu ma couleur, elle s'est crue
« obligée de consulter le professeur dans le ser-
« vice duquel se trouve la place. Ce professeur
« est M. M.-E... Il a ordonné de ne pas m'accep-
« ter, à cause de ma couleur. Vous qui connaissez
« tant de monde, vous avez, peut-être, quelque
« connaissance au Jardin des Plantes et vous
« pourrez, peut-être, me recommander. Je vous

« donnerai, après-demain, plus de renseigne-
« ments.

    « Je vous salue, etc.

                    Signé : M...
                rue Cardinal-Lemoine.
            Paris, 4 septembre 1890. »

_____

Réponse :

    « Monsieur,

    « Votre femme m'a entretenu de votre affaire
« du Jardin des Plantes. A mon grand regret, je
« ne connais personne au Muséum. Mais je vous
« remets, à tout hasard, pour le professeur
« M...-E... la lettre ci-jointe où j'ai l'air d'igno-
« rer ses sentiments. Peut-être parviendrai-je à
« lui faire entendre la voix de l'humanité. Pre-
« nez-en lecture et apportez-la, avec vos papiers,
» à son adresse. Je ne crois pas beaucoup
« qu'elle puisse quelque chose pour vous : es-
« sayez tout de même.

    « Je vous salue...

                    Signé : Emm. EDOUARD.
                Paris, 5 septembre 1890. »

Lettre de M. EMM. ÉDOUARD à M. le Professeur M.-E...,
au Muséum d'Histoire Naturelle.

« Monsieur,

« J'ose, sans vous connaître, vous recomman-
« der quelqu'un. Il s'agit d'une question d'hu-
« manité, et j'ai la certitude que vous m'excu-
« serez : le porteur de cette lettre, M. M...,
« citoyen français originaire d'une colonie fran-
« çaise, ayant sollicité, ces jours derniers, une
« place infime d'homme de service qui est va-
« cante au Muséum, n'a pas été admis à l'occuper,
« *parce que*, lui a-t-il été dit, *il a la peau noire*;
« pour la même raison, plusieurs places du
« même genre lui ont été, déjà, refusées par des
« particuliers : il a, pourtant, un pressant besoin
« de travailler pour vivre. Bon serviteur comme
« il l'est, ne ménageant jamais sa peine, honnête,
« digne d'intérêt, faut-il donc qu'il meure de
« faim parce qu'il est noir? Le docteur P., atta-
« ché au Muséum, qui le connaît depuis long-
« temps, le recommanderait très volontiers, si
« c'était nécessaire, j'en suis sûr. Permettez-moi
« de plaider pour lui. Je ne crois pas qu'il soit
« possible de signaler à un esprit éminent comme
« vous, sans en rien obtenir, un fait qu'il peut

« redresser et où le sentiment de la charité, de
« la solidarité humaine est absolument méconnu.

« J'espère que vous m'honorerez d'une réponse,
« et, en attendant, je vous prie d'agréer, etc..

Emmanuel ÉDOUARD,
publiciste.

Paris, septembre 1890. »

———

La lettre précédente fut inutile ; le professeur
négrophobe français M.-E... maintint son refus.

E. E.

ESSAI

SUR LA

POLITIQUE INTÉRIEURE D'HAÏTI.

PROPOSITION D'UNE POLITIQUE NOUVELLE.

Au mois de novembre de l'année dernière, je posais, à Port-au-Prince, ma candidature aux élections législatives qui devaient avoir lieu un peu après, en janvier de cette année 1890, et j'adressais aux électeurs un appel pressant sur lequel je reviendrai plus loin.

Dans le bruit des intrigues, des convoitises, des menaces, des falsifications de scrutins, ma voix n'a pas été assez forte : mon appel n'a produit aucun résultat.

Il était le commencement d'une campagne politique que je m'étais promis de poursuivre, quoiqu'il arrivât. Je me suis promis, en dépit des inconvénients, des dangers qui ne manqueront pas d'en résulter pour moi, d'étudier publiquement la politique d'Haïti ; je me suis promis de rechercher s'il y a moyen de la modifier.

Je pense qu'il est nécessaire, alors surtout que les oracles de la politique haïtienne sont assis

déconcertés, vides, inquiets et discrédités devant
les ruines qu'ils ont accumulées dans le pays
désorienté, d'établir, pour les hommes de ma génération que les choses qu'ils ont vues, les tristes exemples prodigués par les générations anté-
rieures ont rendus sceptiques et corrompus,
pour l'étranger qui ne comprend rien à nos luttes
civiles continuelles et à l'opinion duquel il nous
serait funeste d'être indifférents, je pense, dis-je,
qu'il est nécessaire d'établir, en examinant le
passé d'Haïti, si elle peut compter sur l'avenir.

Je continue cette tâche sans m'arrêter au mot
de Fontenelle, d'une philosophie si avisée et si
amère : « Si j'avais la main pleine de vérités, je me
garderais bien de l'ouvrir. » J'avoue que ce n'est
pas le patriotisme seul qui me fait agir. Je pour-
suis, dans le bien général, mon bien particulier,
ardemment préoccupé, tout en subordonnant le
second au premier de la façon la plus rigoureuse,
de concilier ces deux intérêts. Destiné à vivre
dans mon pays, je voudrais, pour moi-même et
pour les miens, réduire à l'impuissance, autant
qu'il est en moi, les fauteurs des guerres civiles
qui l'ensanglantent; éviter des souffrances; échapper, s'il est possible, à la vie misérable qui est la
perspective de tous les haïtiens de mon âge, et
mon procédé, c'est de pousser, c'est d'aider à l'a-
vènement d'une politique de principes, d'une
politique régulière et vraiment patriotique.

I

La presse haïtienne est, de nouveau, remplie de la polémique de ces partis qu'on appelle, en Haïti, « *national*» et « *libéral* », polémique obscure, où la déloyauté le dispute à l'ignorance, faite d'équivoques, de sous-entendus, de réticences, où personne n'ose exprimer clairement sa pensée, où, à des questions posées dans une forme énigmatique, l'interpellé répond en un langage qu'il faut interpréter pour le comprendre et dont la conséquence inévitable — nous en avons, maintes fois, fait la douloureuse expérience — est qu'un beau jour, les antagonistes, au milieu du trouble et de l'énervement des esprits, des ténèbres par eux entassés, se rueront les uns sur les autres, entraînant à leur suite les aventuriers dont Haïti regorge et qui, « si tout n'est renversé ne sauraient subsister »; terroriseront, tueront les bons citoyens, les citoyens paisibles; promèneront le fer et la flamme dans nos villes et dans nos campagnes qu'ils pilleront et dévasteront, tout en protestant avec emphase de leur attachement au bien public.

Aucun Haïtien n'ignore qu'en Haïti les mots
de « *parti libéral* » signifient « *parti mulâtre* »,
parti qui veut la prépondérance des mulâtres
dans le gouvernement du pays, prépondérance
devant se traduire, naturellement, par une mono-
polisation, au profit de ceux-ci, des bonnes et
importantes fonctions publiques; tout le monde
sait que les mots de « *parti national* » signifient
«*parti noir*», parti qui veut, pour atteindre un but
que j'indiquerai tout à l'heure, la prépondérance
des noirs, l'immense majorité des haïtiens,
dans la conduite des affaires publiques.

Sous des noms divers, ce sont, en définitive,
ces deux partis qui ont toujours bouleversé
Haïti.

Il y a bien des haïtiens qui se disent *libéraux*
et *nationaux* tout en se défendant de professer
les idées que l'opinion publique attribue aux
deux partis que je viens de nommer; mais ce
sont des sourds et des aveugles volontaires dont
il n'y a pas à s'occuper. En tous cas, ils assu-
ment, forcément, les responsabilités qui incom-
bent aux partis dont ils se réclament.

Or, voici quelques faits qui prouvent à quel

point la confusion existe dans la politique haïtienne et que nos politiciens ne savent absolument plus où ils en sont :

Pendant la moitié de l'année 1888 et la plus
grande partie de l'année 1889, la guerre civile dé-
solait Haïti, qui était divisée en deux camps
dont l'un reconnaissait pour chef le général
Légitime, et l'"autre le général Hippolyte, noirs
de peau tous deux.

Le général Légitime avait toujours été considéré, avant son entrée dans la politique militante,
comme appartenant au parti noir ou national, et cette qualité lui fut conservée quand il fut appelé aux
affaires, comme ministre d'État, par le général
Salomon dont l'arrivée au pouvoir, en 1879,
— effet de l'irrésistible poussée des masses populaires qui avaient mis en lui toutes leurs espérances, — dérouta tant nos hommes politiques à
courte vue d'alors, absorbés dans les *intrigail-
leries* ; ce n'est que plus tard qu'il fut repré-
senté, par suite des combinaisons des partis,
comme un tenant du parti mulâtre ou libéral,
qu'il voulait, disait-on, désormais servir et dont
il voulait se servir.

Le général Hippolyte avait toujours été classé
dans le parti noir ou national.

Le général Légitime, soutenu en même temps
par des personnalités influentes du parti mulâtre

et du parti noir, avait contre lui des hommes
importants du parti noir, qui l'accusaient de trahison, d'avoir consenti à n'être qu'un manne-
quin dans les mains des mulâtres ou libéraux;
il avait aussi contre lui des chefs et des adeptes
du parti mulâtre, qui lui en voulaient pour je ne
sais quoi, probablement parce qu'ils trouvaient
inadmissible qu'il pût occuper sans encombre,
surtout avec l'aide d'un grand nombre de leurs
partisans, une place dont ils voulaient eux-
mêmes. Le général Hippolyte était porté par les
mêmes éléments. Celui-ci ayant triomphé de son
adversaire et ayant été élevé à la présidence de
la République, les nationaux ennemis du général Légitime s'en félicitèrent bruyamment; puis,
presque aussitôt après, ils déclarèrent, tout en
assurant le général Hippolyte de leur respect et
de leur dévouement, que la politique qu'il avait,
après réflexion, adoptée, que son cabinet qu'il
avait librement formé, étaient une politique et
un cabinet de mulâtres ou libéraux qu'ils com-
battraient.

Qu'est-ce à dire ? Pendant que se déroulait la
lutte entre les généraux Légitime et Hippolyte,
où donc, en réalité, était le parti mulâtre, le parti
libéral ? Etait-ce à Port-au-Prince avec Légitime ?
Etait-ce au Cap-Haïtien avec Hippolyte? Rien
d'étonnant si en Haïti même, parmi les politiciens

de profession, ils sont rares ceux qui réussissent
à comprendre quelque chose à une politique aussi embrouillée.

Quant aux étrangers qui s'intéressent à Haïti
et qui n'y ont jamais habité, il n'est pas possible qu'ils s'y reconnaissent.

Il ressort des dernières convulsions d'Haïti,
de la curieuse dislocation que je viens de signaler des deux grands groupes politiques qui ont
fait la pluie et le beau temps dans le pays, que
notre politique intérieure subit une transformation : j'espère pouvoir, dans le courant de cette
étude, en marquer le sens.

III

Après la guerre civile si grave de 1883, il était
permis de penser que la paix durerait longtemps
en Haïti, à cause de la lassitude générale, de
la nécessité que des êtres doués de raison doivent éprouver, après de grands malheurs bien
des fois endurés, à se recueillir, à s'interroger
dans le calme, à interroger les évènements pour
s'efforcer de saisir ce qu'ils enseignent. Mais les
cadavres des lamentables victimes de nos frater-
nelles tueries de 1883 étaient à peine refroidis
que des conspirations contre le gouvernement
de Salomon s'ourdissaient encore dans la République. La guerre civile de 1888-1889 a eu lieu !
Qui peut donc, aujourd'hui, compter, pour
avoir une période un peu longue de tranquillité
intérieure, sur la fatigue, la prostration des populations ? Nous serions irrémédiablement per-
dus si nous n'avions pas d'autre garantie que
celle-là.

Il n'y a, en Haïti, ni traditions, ni intérêts qui
puissent faire obstacle aux entreprises révolutionnaires. Tout au contraire, aux causes d'instabilité sociale et gouvernementale que nous
déplorions est venue, récemment, s'en ajouter

une d'une extrême importance et qui s'impose à notre attention : notre dernière guerre civile de 1888-1889 a été, entre autres choses qui, dans les pages suivantes ressortiront d'elles-mêmes, une lutte entre les départements haïtiens, lutte qui a dévoilé la faiblesse du lien qui les unit, qui a montré, à notre grand et propre étonnement, que la nationalité haïtienne peut, à l'heure actuelle, se briser, comme elle l'a été à ses premiers jours, comme elle faillit l'être en 1844, quarante ans après sa naissance.

Dans un article sur Haïti publié en 1882 par la *Revue politique et littéraire*, de Paris, maintenant la *Revue bleue,* il y a les lignes suivantes qui se sont incrustées dans ma mémoire à cause, sans doute, de la peine que j'ai éprouvée en les lisant, de l'incommensurable mépris, de la commisération si insupportablement insultante qu'elles expriment :

« Si la théorie de l'inégalité des races avait besoin d'être confirmée, elle le serait par l'inanité des efforts que font, depuis un siècle, les nègres d'Haïti pour constituer une société.....

« Quel beau pays au temps de la domination française ! Quelles riches cultures, quels nobles édifices, quelle prospérité ! Mais une plaie hideuse, l'esclavage, l'avait infecté et le mal n'a jamais été guéri. A la place d'une race progressiste, comme l'est la race blanche, de pauvres noirs sont restés sur cette terre jadis si belle, et leur seule présence suffit à la frapper de stérilité ! Et pourtant, que n'a pas fait pour elle la nature ! Chacune des Antilles est une Vénus sortie du sein des eaux ; mais Haïti est incomparable. Plus pittoresque cent fois que Cuba ; plus féconde mille fois que

Puerto-Rico! *Hispaniola es una maravilla,* —
Hispaniola est une merveille,—écrivait Colomb à
la reine d'Espagne, et Colomb n'exagérait pas.....

« Et c'est de ce paradis terrestre qu'un gémis-
« sement s'élève vers le ciel depuis trois cents
« ans ! »

Quand ce gémissement finira-t-il ? Se trans-
formera-t-il en râle d'agonie ou en chant de joie,
de délivrance ?

Il en sera ce que nous voudrons.

Haïti deviendra une nation heureuse et respectée si, prenant sérieusement conscience d'elle-
même, elle se décide à exiger de ceux qui prétendent la conduire une politique nouvelle, raisonnée, méthodique, tendant à réaliser ses aspirations certaines qui sont l'ordre, la prospérité,
la sécurité intérieure et extérieure, la liberté.

V

Si, en effet, sa politique doit être encore ce qu'elle a été jusqu'ici ; si ses gouvernants doivent toujours, serviles imitateurs de ceux qu'ils ont remplacés, continuer à la mener suivant des procédés routiniers, sans largeur et sans élévation ; si, par exemple, tout leur savoir doit consister ou à provoquer, ou à entretenir l'antagonisme entre les noirs et les mulâtres qui a rempli notre vie nationale, ou a maintenir en équilibre leurs prétentions rivales, sans analyser cette situation, sans en chercher les leçons, il n'y a pas de doute que d'autres malheurs ne doivent s'ajouter à ceux que le pays a déjà subis.

On l'a dit justement : « Les questions non résolues sont sans pitié pour le repos des peuples. »

VI

Qu'est-ce que c'est la politique? Que doit-elle être, dans le sens respectable du mot?

La politique c'est, ce doit être l'ensemble des questions que soulève l'existence d'une nation.

Faire de la politique, dans la bonne acception de ces termes, c'est, ce doit être s'occuper de régler ces questions : il n'y a rien de plus noble et de plus haut.

VII

Le gouvernement d'une nation ne saurait être un jeu de hasard.

Il y a des choses positives en politique, en économie sociale.

Il y a des vérités qui sont d'une simplicité profonde, qu'on pourrait qualifier de banalités, qui contiennent le secret de la paix du monde : on est surpris et on s'irrite de voir des hommes qui se mêlent de diriger leurs semblables perdre ces vérités de vue ou les ignorer.

De même qu'il y a, pour l'être humain individuellement considéré, des conditions fondamentales d'existence, qu'il lui faut manger, boire, dormir ; ainsi, pour une nation, il y a des manières d'être primordiales, essentielles, sans lesquelles elle ne se conçoit pas se perpétuant.

L'homme, surtout l'homme en contact avec la civilisation, recherche le bien-être matériel après lequel vient, immanquablement, le bien-être moral ; les sociétés humaines ne recherchent pas autre chose, n'ont pas d'autre but : c'est cette poursuite du bonheur qui s'appelle Progrès, Civilisation. Progresser, se civiliser, c'est la destinée de toutes les associations humaines qui sont jetées et qui ne peuvent plus s'arrêter impunément dans le courant qui emporte l'humanité vers son idéal : la vie facile, puissante, bonne pour l'homme.

Guider, diriger les peuples dans la recherche du mieux ; provoquer, soutenir, faciliter les efforts naturels de l'initiative privée vers l'aisance, c'est le devoir étroit, absolu, c'est la fonction de ce qu'on nomme gouvernement; et ce devoir est d'autant plus étroit et plus absolu que la nation est plus jeune, car, alors, il n'y a pas à attendre grand'chose des individus laissés à eux-mêmes, timides et inexpérimentés. Un gouvernement incapable de remplir ce devoir ou qui le néglige n'a aucune raison d'être : c'est un instrument embarrassant, nuisible, qui doit être détruit.

Connaître les moyens généraux de donner à une nation le bien-être matériel et moral, c'est la science du gouvernement; savoir choisir ces moyens, les appliquer suivant les cas, c'est l'art de gouverner. Un gouvernement n'a à se préoccuper de quoique ce soit en dehors de cela; sa tâche, à cet égard, étant fournie, la nation qui s'est confiée à lui n'a rien de plus à lui demander; et la conséquence d'un tel état de choses, c'est, sûrement, la stabilité pour la société, la stabilité pour le gouvernement.

Il est clair que si une nation a remis à n'im-

porte qui, sans s'inquiéter de ses aptitudes, le
soin de la gouverner, son sort ne peut être que
pareil à celui du navire égaré dans la nuit, sans
gouvernail et sans boussole, sur une mer tour
mentée.

VIII

Interrogez un haïtien des villes sur le caractère, les mœurs des paysans d'Haïti qui sont presque tous des noirs : il vous dira que ce sont, généralement, les hommes les plus doux qu'on puisse rencontrer, maniables à l'excès, respectueux, craintifs, de qui l'individu investi de la portion la plus infime de l'autorité publique peut tout obtenir; et le même haïtien, dans un moment de guerre civile, vous parlera avec horreur des *piquets*, des nègres des campagnes qui se préparent, comme des bêtes féroces, à se ruer ou qui se ruent sur les villes pour les piller, en égorger les habitants, commettre toutes les atrocités.

Que de déclamations n'ai-je pas entendues sur le *piquétisme*, doctrine formulée par je ne sais quels docteurs, enseignée à je ne sais quelles écoles, qui n'a jamais été définie par ceux qui ont écrit pour la combattre ! Comment concilier cette bonté et cette férocité du paysan haïtien ? Il y a là un phénomène qu'il faut examiner, tout fait social ayant sa signification : le paysan haïtien, comme tout homme, cherche le bien-être, le bonheur, et il le prend sous la forme sous laquelle il se présente à lui, sous la forme sous laquelle son intelligence lui permet de le comprendre. Ajoutez à cela qu'il n'a jamais reçu aucune éducation, sauf, pendant quelques années, dans le Nord, sous Christophe ; qu'il a toujours vécu, directement ou par tradition, sous l'influence souveraine de faits qui vont être soumis à l'analyse, et que les bouleversements auxquels le pays a toujours été en proie ont entretenu en lui, — on ne saurait en être surpris, — des goûts de rapine qui ne font que sommeiller dans les temps de calme relatif. Rendez le paysan heureux ; donnez-lui, dans le travail, les moyens de satisfaire sa cupidité, cette cupidité qui, bien dirigée, sera notre salut, et vous n'aurez rien à redouter de lui. Faites la guerre civile, dont l'épilogue a toujours été, — il finira quelque jour par le remarquer, — une surtaxe sur le café à l'exportation, c'est-à-dire une aggravation de l'impôt foncier rural qu'il supporte seul ; contraignez-le à prendre part aux luttes intestines ; semez les routes de ses cadavres ; saccagez ses champs ; maintenez-le dans la misère et dans l'ignorance, et, aux époques de crise, vous le verrez transformé en une bête fauve qui se dressera devant vous, si un intérêt matériel l'y sollicite. Rien de plus simple.

Le *piquétisme* haïtien, c'est l'effort naturellement brutal, aveugle vers le bien-être des classes ignorantes de la société haïtienne sans guides ou obéissant à des guides incapables de concevoir une idée politique présentable.

Maintenant, que des gens se soient trouvés, en Haïti, pour exploiter les souffrances populaires, pour s'en faire un moyen de domination et de fortune, qu'y a-t-il là d'étonnant?

Dans des cas analogues, — l'Histoire en est témoin, — il s'en serait trouvé dans n'importe quel autre pays.

IX

Quant aux habitants des villes, comment expliquer les événements poignants dont Port-au-Prince a été le théâtre dans la nuit du 28 au 29 septembre 1888, ces tueries entre partisans des deux candidats d'alors à la présidence de la République, MM. Légitime et Thélémaque, sinon par cette considération qu'il y avait, d'un côté ou d'un autre, des besogneux qui attendaient leur banane, la banane de leurs familles, du succès de l'un ou l'autre des candidats? Devenus fous à l'idée que l'occasion aurait pu tromper leurs espérances, mis en face les uns des autres, ils se sont précipités les uns sur les autres.

Comment expliquer les bruits de malversation des deniers publics, les scandales qui ont signalé, l'année dernière, pendant les heures sinistres où nous nous entr'égorgions, l'administration des départements de l'Ouest et du Sud, sous Légitime débordé, et qui ont vivement ému un pays où le vol du produit des impôts s'est pourtant toujours pratiqué si ouvertement qu'aujourd'hui un tel acte inspire non la réprobation, mais l'envie?

« Le courant qui entraîne les hommes vers les

« moyens d'entretien et la jouissance de biens
« est tellement impétueux qu'il pourrait facile-
« ment conduire à des violations de droit s'il ne
« leur était donné de satisfaire leurs besoins
« d'une manière conciliable avec l'ordre légal.
« Quelques mesures qu'arrête la puissance so-
« ciale dans le domaine de la législation et de
« la police, elles n'offriront de garanties suffi-
« santes à la sécurité intérieure qu'autant que
« tous les habitants seront mis à même de se
« procurer le nécessaire par leur travail. L'ac-
« croissement du bien-être général a pour effet
« habituel d'accroître le respect de la propriété
« et des droits d'autrui, qui nous paraissent
« d'autant plus sacrés que nous avons nous-
« mêmes à faire respecter et à défendre quelque
« chose » (1).

(1) E. Worms. *Économie Politique.*

X

Je l'ai dit, je répète les expresssions : Haïti deviendra une nation heureuse et respectée si, prenant sérieusement conscience d'elle-même, elle se décide à exiger de ceux qui prétendent la conduire une politique nouvelle, raisonnée, méthodique, ayant pour but de réaliser ses aspirations certaines qui sont l'ordre, la prospérité, la sécurité intérieure et extérieure, la liberté ; une politique basée sur ces principes accessibles, par leur grande simplicité, à tous les esprits, à savoir qu'en dehors de la poursuite du bien-être, il n'est pas possible de rendre compte de l'activité humaine ; que pour obtenir la paix sociale, ce doux rêve, il faut penser constamment aux tendances des lois générales qui régissent toutes les agglomérations d'hommes obligées de se civiliser, et qui doivent, sans doute, régir l'agrégat haïtien ; que, dans l'organisation des sociétés, certaines institutions étant données, certains faits inévitables se produisent ; une politique claire, de pitié pour nous-mêmes, pour les femmes et les enfants d'Haïti, d'abnégation, de sympathie, une politique patriotique, qui aura pour principal souci le développement de la for-

tune nationale; qui prendra une à une, pour en
chercher les solutions, honnêtement, loyale-
ment, les questions devant lesquelles le temps,
la force des choses ont placé notre pays et qui
veulent être résolues; une politique de résultats
précise et ferme, avant tout large et démocratique.

XI

Ces questions si graves, quelles sont-elles?

De prime abord, il paraît qu'il y en a une foule; mais, en y réfléchissant bien, on voit qu'elles se réduisent, c'est du moins mon avis, à trois :

1º La question de couleur, de caste, l'antagonisme entre les noirs et les mulâtres qui forment la population d'Haïti ;

2º La question du travail à rendre possible, à faciliter, à créer ;

3º La question de l'ignorance populaire à dissiper ; de l'instruction publique à organiser soigneusement.

Ces questions peuvent-elles être résolues, aujourd'hui, par nous haïtiens ?

Si oui, résolvons-les; constituons, asseyons, enfin, la nationalité haïtienne.

Si non, appelons l'étranger; demandons le protectorat d'un peuple blanc puissant plutôt que de continuer à vivre de notre vie si sombre, à nous entredéchirer comme des chiens enragés, d'autant plus qu'après avoir épuisé en luttes intestines toute notre énergie, nous serons fatalement contraints d'implorer un secours extérieur.

Sans la possibilité de vivre de son travail, sans la sécurité, sans la liberté, même la plus restreinte, même la plus étroite, que parlez-vous de nation, que parlez-vous de patrie ?

L'homme est homme avant d'être citoyen, et, dans un certain état social, le mot de patrie ne peut être pour l'homme qu'un son indifférent, la dénomination de citoyen, une dénomination odieuse.

J'y insiste : si, dès maintenant, nous avons la conviction que nous ne pouvons pas nous orga-niser en peuple, abdiquons sans tarder; livrons à d'autres cette sainte Haïti arrosée de nos sueurs, de nos larmes et de notre sang, notre asile, la seule terre où l'homme appartenant à la race noire puisse promener, sans appréhension im-portune de race, sa peau partout ailleurs humi-liée. En retour des vexations méritées que le peuple blanc, d'une race supérieure, nous pro-diguera, à nous, membres d'une race inférieure, nous en aurons fini avec la misère matérielle, avec le dur esclavage politique où nous tiennent des nègres ou des mulâtres comme nous, nos chefs militaires extraits trop souvent, pour servir les combinaisons d'une politique de barbares, des bas-fonds sociaux; nous en aurons fini avec cet esclavage qui a remplacé pour nous l'esclavage ancien; nous en aurons fini avec la guerre civile.

Mais non ; j'ai une foi profonde en l'avenir, si nous voulons bien ne pas nous manquer à nous-mêmes.

En cherchant, de mon côté, les solutions des questions capitales que je viens d'énumérer et d'énoncer, je fais mon devoir strict. Que chacun fasse le sien. Je convie à cette œuvre toutes les intelligences du pays, si nombreuses. Il n'est pas possible que leurs efforts soient complètement stériles dans une circonstance qui doit tant les enflammer, les surexciter.

L'heure, en effet, semble exiger que nous soyons particulièrement vigilants. Les projets des gouvernements étrangers sur Haïti ne sont pas dissimulés. La main des États-Unis d'Amérique s'est étendue de nouveau, avec plus de décision que jamais, depuis l'année dernière, à la faveur de notre guerre civile, vers une partie de notre territoire, le Môle St-Nicolas; cette main ne s'est pas encore retirée, et les plus récents journaux d'Haïti arrivés en Europe, ceux de juin à septembre 1890, montrent les populations d'Haïti énervées par cette vision ; des journaux français ont discuté notre autonomie sans aucune précaution de langage, pendant nos luttes intestines de 1888-1889 auxquelles ont

pris une part considérable, comme adversaires l'un de l'autre et avec, sans doute, l'assen-
timent de leurs gouvernements respectifs, le
ministre des États-Unis et le ministre de France
à Port-au-Prince, M. Thompson et M. le comte
de Sesmaisons : soit que le chiffre toujours
croissant des haïtiens qui implorent la naturali-
sation étrangère pour pouvoir vivre en Haïti
sans risquer d'être ruinés ou assassinés par
l'autorité publique de droit ou de fait les ait en-
hardis ; soit qu'ils aient cru les temps venus, à
notre attitude d'accablés sous un rôle trop pe-
sant, à ce fait qu'après quatre-vingt-cinq ans
d'existence indépendante, nous en ayons été
réduits au point que des haïtiens ont jugé nécessaire de fonder, en 1888, dans la capitale d'Haïti,
une « Ligue pour le maintien de l'Indépendance
nationale. »

XII

1° DE LA QUESTION DE COULEUR.

La question, le préjugé de couleur, de caste, l'antagonisme entre les noirs et les mulâtres est dans toute notre histoire.

D'où vient-elle? Que signifie-t-elle? Car elle a, nécessairement, une origine ; elle a, nécessairement, un sens, et il faut être bien ignorant pour espérer avoir prise sur elle sans la connaître d'une façon intime, dans son origine et dans son évolution.

La question de couleur entre les noirs et les mulâtres d'Haïti est née sous l'ancien régime, dans la société coloniale de St-Domingue qui a précédé, sur le sol d'Haïti, notre société haïtienne actuelle.

La société coloniale française établie sur la différence des races, la couleur de la peau, l'esclavage de la race noire, était divisée en castes: 1° la caste noire; 2° la caste mulâtre ou jaune ou, plus proprement, de couleur; 3° la caste blanche.

1° La caste noire était celle des individus de race et à peau noire : elle vivait dans l'esclavage; 2° la caste mulâtre était composée des individus à nuances variées entre le noir et le blanc, issus du rapprochement des blancs avec leurs esclaves femelles ou des descendants de ces individus ; 3° la caste blanche était la caste privilégiée, la caste par excellence, la caste des dominateurs, des individus de sang blanc pur.

Les mulâtres jouissaient des droits civils compatibles avec l'organisation coloniale — par exemple : le mariage d'un mulâtre avec une femme blanche et *vice versâ* n'eût pas été toléré dans la colonie — et à condition, toutefois, qu'ils ne fussent pas en compétition avec un blanc (1). A peu d'exceptions près, ils étaient libres, mais courbés sous le poids du préjugé de couleur, des humiliations, des hontes que leur infligeaient, à cause du sang noir avili qui coulait dans leurs veines, les membres de la caste blanche, humiliations et hontes qu'ils ressentaient d'autant plus vivement que beaucoup d'entre eux, libres de père

---

(1) « Milscent, créole blanc et colon, dont les écrits ne peuvent être révoqués en doute, s'exprime ainsi sur la conduite des colons à cette époque : «Il est universellement reconnu que jamais homme de couleur libre n'eut raison ni droit ; que jamais il ne gagna un procès de conséquence contre un blanc ; que s'il prend fantaisie à ce dernier de le maltraiter de coups, il se plaint et fait encore châtier le malheureux qu'il a déjà vexé et battu. » (Th. Madiou (Historien mulâtre haïtien). *Histoire d'Haïti*, tome 1, page 49.)

en fils, ayant bénéficié de quelques dons, de la
pitié dédaigneuse et clandestine des blancs dont
ils étaient sortis, étaient devenus de riches propriétaires de biens-fonds et d'esclaves, avaient
puisé, en Europe, une éducation très soignée, et
que le sentiment de la dignité humaine était entier en eux. A la Révolution française, leur caste
possédait le tiers des immeubles et le quart des
valeurs mobilières de l'île.

Naturellement, tous les blancs n'étaient pas
égaux entre eux, ni tous les mulâtres, ni même
tous les noirs.

Les blancs riches, grands planteurs, grands
propriétaires d'esclaves et les blancs moins fortu-
nés ou pauvres; les mulâtres riches ou les mulâtres pauvres; les nègres en possession de la confiance du maître ou distingués par son caprice
et les nègres qu'il ignorait ne marchaient pas du
même pas; mais, c'étaient là des affaires de hié-
rarchie intérieure relativement à chaque caste
et où les autres n'avaient rien à voir. (1)

La division en castes était rigoureuse.

_____

(1) « Il était permis aux blancs, même domestiques, de
maltraiter les noirs et les mulâtres libres. Les affranchis
qui se distinguaient par leurs richesses et leur éducation libérale étaient exposés à toutes sortes de vexations. »

(Th. Madiou. *Hist. d'Haïti*: tome I, page 28.)

On appartenait à l'une ou l'on n'y appartenait pas : il n'y avait pas de milieu.

J'ai dit que les mulâtres étaient libres à peu d'exceptions près : il y en avait, en effet, d'esclaves ; de même, à la partie libre de leur caste, la grande majorité, se joignaient quelques noirs libres, affranchis, qui vivaient dans les mêmes conditions qu'eux. Mais, par rapport à la masse des noirs esclaves, les mulâtres en servitude, de même que les noirs libres, en regard du chiffre des esclaves en liberté, étaient quantités négligeables.

Il ne s'agit pas, ici, de se dépenser en des sentimentalités, en regrets tout à fait vains et qui ne peuvent rien changer du passé.

Il faut prendre l'homme tel qu'il est, tel qu'il se comporte partout, dans tous les pays, sous tous les climats, non en philosophe judicieux, réfléchi, mais en être plein de faiblesses, de contradictions, de misères ; obéissant, quatre-vingt-dix fois sur cent, plutôt à ses passions, aux suggestions de l'égoïsme qu'à la raison.

Quand la Révolution française éclata, elle excita un grand enthousiasme dans les diverses parties de la caste blanche qui en espéraient, chacune, quelque avantage ; mais il ne vint pas à l'idée des blancs que les mulâtres, encore moins les nègres, pussent oser en attendre quelque chose.

Entre le noir retenu dans un esclavage farouche, impitoyable, dans une situation aussi dégradée, aussi abjecte qu'il s'en puisse imaginer et le mulâtre maltraité, conspué à cause de sa parenté avec le noir, il y avait une solidarité naturelle, évidente; plus la race noire était enfoncée dans l'avilissement, plus le mépris devait envelopper le mulâtre : tout cela se tenait. Mais les mulâtres, possesseurs d'esclaves, ne pouvaient pas convenir de cette solidarité; car, en partant de là, ils auraient été moralement contraints, après avoir fait abnégation de leurs intérêts personnels, après avoir libéré leurs esclaves, de se mettre en devoir de saper l'ordre social du pays où ils vivaient.

Des hommes, toute une classe n'étaient pas capables d'un pareil raisonnement, d'un pareil sacrifice. Les nègres, à la place des mulâtres, n'eussent pas agi autrement que ceux-ci.

Qui dit le contraire ne connaît pas la nature humaine ou est de mauvaise foi.

Les mulâtres aspiraient à monter au rang de la caste blanche.

Dès 1785, ils avaient chargé l'un d'eux, Julien Raymond, de présenter au duc de Castries, ministre de la marine et des colonies de la métropole, un mémoire pour demander que les droits civils et politiques dont jouissaient les blancs leur fussent reconnus. Mais ils ne regardaient pas au-dessous d'eux, ou ils n'y regardaient que pour s'irriter, s'exaspérer.

Plus le blanc les repoussait à cause de la quantité noire de leur sang, plus les noirs, responsables, selon eux, de leur opprobre, devinrent pour eux un objet de répulsion, d'horreur.

Sans doute, comme ceux qui, voulant monter dans la société, éprouvent cette illusion qu'ils se rapprochent des membres des classes qu'ils envient, qu'ils se confondent avec eux, en imitant, en exagérant leurs manières, leurs habitudes; comme le bourgeois enrichi qui veut faire son gentilhomme; comme l'homme de rien parvenu qui veut passer pour un vieux bourgeois, les mulâtres se montrèrent excessifs dans l'expression de leur répulsion, de leur horreur pour les noirs.

De là, chez les noirs, dont beaucoup réfléchissaient, une amertume sourde envers ces fils, ces frères injustes, amertume qui pouvait, facilement, se changer en haine.

Ce changement eut lieu par suite d'un concours de faits très nombreux dont je vais citer un des plus connus, un de ceux qui eurent le plus de retentissement.

Quand, en conséquence des troubles qui
avaient lieu en France, les premiers événements
révolutionnaires se produisirent dans la colonie, les blancs qui voyaient bien que leur domination ne pouvait pas s'y maintenir dans le
cas où un accord s'établirait entre les mulâtres et
les nègres, s'ingénièrent toujours à creuser un
abîme entre eux; dans ce but, ils provoquèrent,
de la part des mulâtres aveuglés, des actes qui
devaient être odieux aux noirs, et ils s'arrangè-
rent pour leur donner, parmi les noirs, la plus
grande publicité possible.

Les mulâtres avaient, ai-je dit, avant même le
commencement de la Révolution française, ré-
clamé, en France, les droits politiques, les
droits de l'homme que la société coloniale leur
déniait.

Lorsque l'Assemblée constituante de France
obéissant, tantôt aux exigences de la philanthro-
pie, tantôt à celles des préjugés et des haines des
colons opulents réunis en grand nombre à Paris,
tantôt aux exigences de l'intérêt des villes mari-
times de France dont les habitants avaient des
créances énormes sur Saint-Domingue et attachaient une grande importance à sa tranquillité,
eut, tour à tour, accordé aux anciens libres de
Saint-Domingue les droits de l'homme et du
citoyen et subordonné au consentement des

créoles blancs, fous de rage, la concession définitive, à ces mêmes anciens libres, de ces mêmes
droits, des désordres de la dernière gravité na-
quirent forcément, dans la colonie, de cette politique flottante, incertaine.

Le premier décret qu'émit l'Assemblée constituante sur les affaires de Saint-Domingue date
du 8 mars 1790. « Sa rédaction ambiguë laissait
à la fois le vague de l'espérance aux concessions
et aux prétentions. L'Assemblée, incertaine
entre les plaintes et les alarmes que prétextaient
les partis, ne sut pas dire ce qu'elle voulait. Ses
discussions polémiques et ses ménagements étu-
diés aigrirent les esprits. (1) »

La lettre de ce décret était favorable aux reven-
dications des affranchis; le décret se prêtait, pourtant, sans difficulté, à des interprétations contra-
dictoires. Les circonstances réclamaient un texte
précis, indiscutable. L'Assemblée, invitée à fixer
nettement ses volontés, n'osa pas. Elle se con-
tenta de la déclaration du rapporteur de son co-
mité colonial et de plusieurs députés blancs de
Saint-Domingue, à savoir que le décret reconnaissait les droits des affranchis. Elle ne s'expli-
qua pas autrement, s'en remettant aux hasards.

Un mulâtre du Dondon, de la province du Nord

(1) Pamphile de Lacroix. *Révolution de Saint-Domingue* ; tome I, pages 25 et 26.

de Saint-Domingue, Vincent Ogé, d'un caractère
ardent et aventureux, qui avait assisté, à Paris,
aux premiers débats de la Constituante sur la
colonie et entendu les commentaires qui avaient
accompagné le vote du décret du 8 mars 1790,
résolut d'en imposer l'exécution à Saint-Domingue. Il partit à la hâte. Arrivé dans la colonie,
il entama follement son entreprise; sans prépa-
ratifs sérieux, avec une petite troupe composée
de mulâtres, ses parents et ses amis, il prit les
armes et signifia un ultimatum aux colons. Il
échoua, fut saisi et roué vif, ainsi que plusieurs de ses compagnons.

Les mulâtres, après une longue patience dont
l'explication était « qu'ils attendaient tout de l'é-
quité de l'Assemblée nationale, de la justice de
leur cause»(1), et que, «par dévouement à la Mère-
Patrie, ils craignaient d'allumer la guerre civile
et d'être les auteurs, peut-être, de la perte de la
colonie pour la France (2) », exaspérés par les
avanies et les atrocités que les blancs leur faisaient subir, coururent, enfin, aux armes en
foule et se confédérèrent.

Ils étaient presque aussi nombreux que les
blancs; « ils étaient plus aptes que les blancs aux

(1 et 2) Th. Madiou, historien mulâtre haïtien: *Hist.
d'Haïti*, tome I, page 51.

fatigues de la guerre et aux privations, étant habitués aux rudes exercices de la chasse, aux travaux de la culture et aux rayons brûlants de notre soleil; *et leurs liaisons de famille avec les esclaves, leurs frères, leur permettaient d'avoir l'espoir d'être soutenus par la masse des noirs victimes des violences les plus cruelles* (1) ».

Les blancs, vaincus par eux, fraternisèrent et signèrent avec eux, sans bonne foi, le 23 octobre 1791, un traité où ils leur reconnaissaient les droits réclamés. Dans le but de faire comprendre aux blancs qui, d'ailleurs, pleins de confiance dans la stupidité des noirs, avaient armé, pour leur querelle, un dixième de leurs esclaves, qu'il fallait que la caste blanche se résolût à des concessions, sous peine d'éprouver toutes les calamités, ils avaient appelé aussi, en auxiliaires, des esclaves de leurs ateliers, trois cents, qu'on désigna sous le nom de *Suisses* et qui se tinrent dans le bourg de la Croix-des-Bouquets.

« Ces auxiliaires de la confédération s'étaient
« vaillamment comportés. Après la signature du
« traité de paix, les blancs représentèrent que
« *les Suisses* s'étant accoutumés à la vie libre
« et surtout à l'exercice des armes, ne pouvaient
« rester sans danger dans les ateliers, et les

(1) Th. Madiou. *Hist. d'Haïti;* tome I, page 51.

« mulâtres convinrent, à leur honte, qu'il était
« nécessaire d'en purger la colonie. Ces fratri-
« cides ne songèrent même pas à sortir d'embar-
« ras en libérant leurs défenseurs. On stipula que
« les trois cents suisses seraient conduits à la
« baie d'Honduras, avec trois mois de vivres et
« des instruments aratoires.

« Il est juste de dire que Beauvais, Rigaud et
« Pétion protestèrent contre cette révoltante dé-
« cision ; mais il n'est que trop vrai que les mu-
« lâtres confédérés sacrifièrent des hommes qui
« venaient de les bien servir, et dont le sang
« coulait dans leurs veines. Pour couvrir la lâ-
« cheté de cet abandon, ils feignirent de vou-
« loir assurer la liberté des suisses, en les ac-
« compagnant jusqu'au lieu d'exil et nommèrent
« quatre commissaires à cet effet. On s'embar-
« qua le 2 novembre, les commissaires séparé-
« ment, sur un navire qui devait marcher de
« conserve avec celui de leurs compatriotes. Le
« *hasard* les égara dès l'entrée de la première
« nuit, et le capitaine chargé des trois cents
« suisses, au lieu d'aller à Honduras, les déposa
« à la Jamaïque pour être vendus !!!

« Le gouverneur anglais, sachant que ces
« nègres avaient été en révolte armée, ne se sou-
« cia point de pareils hôtes et les renvoya à St-
« Domingue.

« Ils touchèrent au Môle Saint-Nicolas, où
« des sicaires blancs furent chargés contre eux
« d'une exécution à la Carrier. Dans une nuit, ils
« se transportent à bord, coupent la tête à soixante
« de ces malheureux, les jettent dans la rade où,
« le lendemain, on vit, tout le jour, flotter leurs
« cadavres. Après cette exécution, on fut, au
« Môle, plus de deux mois sans manger de pois-
« son, crainte de se nourrir de chair humaine.
« Le reste fut sacrifié en détail ; les blancs eurent
« soin, seulement, d'en laisser échapper quel-
« ques-uns pour aller dire comme les mulâtres
« traitaient ceux de leurs frères qui s'attachaient
« à leur cause. Ils ne s'inquiétaient pas que les
« victimes publiassent leurs forfaits à eux-
« mêmes, pourvu qu'en les racontant ils exci-
« tassent le mépris général contre la race qu'ils
« détestaient le plus, parce qu'elle était le plus
« près d'eux (1). »

Ainsi qu'on vient de le constater, quelques-
membres importants de la caste mulâtre se
trouvèrent pour réprouver les agissements
des mulâtres à l'égard des noirs ; mais, en
fin de compte, ils en assumèrent leur part de
responsabilité, puisque, par sentiment de solidarité, ils n'abandonnèrent jamais leurs compa-

(1) Victor Schœlcher; *Haïti* ; p. 102-103.

4

gnons. Ce fait se reproduira dans toute l'histoire
d'Haïti; mais on vit, aussi, des mulâtres ne plus
se borner à des protestations platoniques en faveur des noirs, et, répudiant toute solidarité
avec les mulâtres, prêter aux noirs l'appui de
leurs bras.

Dans toutes leurs insurrections non préparées,
désordonnées pour rejeter le joug qui les écra-
sait, les nègres avaient vu les mulâtres, propriétaires d'esclaves, unis contre eux avec les blancs,
les intérêts des blancs et des mulâtres étant, sur
ce point, identiques (1).

Quand, sous la pression des circonstances, les
commissaires que la Convention française avait
envoyés à St-Domingue y proclamèrent l'aboli-
tion de l'esclavage qui, d'ailleurs, froissait toutes leurs convictions républicaines et humani-
taires, « les anciens libres (les mulâtres) furent
aussi mécontents que les blancs d'une mesure à
laquelle ils n'étaient pas préparés. Personne ne
voulut croire à l'impérieuse nécessité qui avait,
d'abord, déterminé le commissaire Sonthonax
et ensuite entraîné son collègue (2) ».

(1) « Cette caste (des mulâtres), comme propriétaire,
s'effrayait des libertés accordées si facilement aux noirs
et des prétentions qui allaient en dériver. » P. de Lacroix:
Rév. de St-Domingue; p. 254-255.

(2) P. de Lacroix, Révol. de. St-D. tome 1, p. 262.

Quand Toussaint Louverture s'éleva de la servitude et parvint à occuper la première place sur la scène politique, dans la colonie, les nègres, chez qui la dignité humaine se réveillait, en conçurent un profond orgueil; lorsqu'ils virent Rigaud, le chef des mulâtres, poussé par d'étroits sentiments de caste, jaloux de la prééminence du chef noir, faisant le jeu de la politique machiavélique des blancs oppresseurs, s'efforcer d'arrêter la fortune de Toussaint Louverture et de le perdre, malgré les appels à l'union, à la fraternité que lui adressa, dans l'intérêt commun des nègres et des mulâtres, celui-ci dont tout ce qui se passa dans la suite démontra la justesse de vues — les noirs et les mulâtres, divisés, étant, alors comme aujourd'hui, impuissants — ils s'irritèrent. Aussi, quand, la guerre de couleur ayant été proclamée par Rigaud, que les mulâtres suivirent, Toussaint Louverture convia les nègres à y faire face, ils y coururent en masses compactes.

De part et d'autre, on déploya toute la fureur, on commit toutes les atrocités dont l'homme est capable ; finalement, le chef noir vainquit le chef mulâtre, son ennemi, à la chute duquel a applaudi l'historien mulâtre haïtien Thomas Madiou, dans un de ces élans de pur patriotisme qui font de son *Histoire d'Haïti* une œuvre pleine de bonne volonté, une œuvre d'homme de bien.

Les raisons de ces événements qui n'étaient secrètes pour personne, l'impression qu'ils produisirent, les souvenirs qu'ils laissèrent furent inoubliables.

Un détail qu'il faut bien retenir, sur lequel j'appelle l'attention spéciale du lecteur, parce qu'il est de première importance et qu'il se rencontre dans toute notre histoire qu'il obscurcit pour les uns et éclaire pour les autres, c'est que les mulâtres, dans leurs entreprises contre les nègres, furent toujours aidés par des nègres, et que les nègres, dans leurs entreprises contre les mulâtres, furent toujours secondés puissamment par des mulâtres.

XIII

De même que les idées de la Révolution française avaient renversé, en France, la vieille société française, ainsi ces idées, importées à St-
Domingue, avaient fini par rompre les cadres de
la société coloniale. On voyait, à St-Domingue,
Toussaint Louverture, tout meurtri encore des
chaînes de l'esclavage, y exercer le pouvoir suprême, non plus dans une crise où tout est possible comme dans toutes les crises, mais réguliè-
rement et en homme nécessaire, au jugement de
tous : cela valait mieux que tous les décrets plus
ou moins contestés des assemblées politiques
de la métropole; l'esclavage ne pouvait plus être
qu'un souvenir dans la colonie.

Dès lors, les mulâtres n'avaient plus, comme
propriétaires, d'intérêts solidaires avec les
blancs; dès lors, leurs yeux pouvaient voir,
leurs oreilles pouvaient entendre, et il advint
ceci :

Bonaparte qui avait décidé de restaurer, en
France, l'ancien régime, dans la mesure du possible, résolut de remettre, à St-Domingue aussi,
les choses dans leur état primitif, d'abattre la
puissance de Toussaint Louverture, « le tronc de
l'arbre de la liberté des noirs ».

4.

L'expédition française contre St-Domingue, pour rétablir l'esclavage, eut lieu ; les officiers mulâtres qui s'étaient sauvés de St-Domingue après la guerre de couleur, la déconfiture de Rigaud, la victoire de Toussaint Louverture, étaient rentrés dans la colonie avec l'armée de la France ; ils croyaient qu'il était simplement question d'y rétablir dans son intégrité la domination française respectueuse, désormais, des droits de l'homme ; mais, ayant fini par découvrir leur erreur, toutefois après les noirs dont la clairvoyance ne fut pas en défaut, ils furent les premiers à prendre les armes et à inaugurer cette guerre calculée d'où sortit l'indépendance d'Haïti. Les leurs les suivirent. Ils luttèrent d'héroïsme avec les noirs, et quiconque sait un peu l'histoire d'Haïti sait que, si les noirs et les mulâtres ne s'étaient pas unis contre les français, je veux dire contre les blancs alors exécrés, l'indépendance d'Haïti ne se fut pas réalisée. L'union, alors, fit la force.

Rien ne démontre plus évidemment que des considérations économiques influèrent, dans l'ancien régime, sur les relations des mulâtres avec les noirs. Cette remarque ne doit pas être oubliée.

XIV

La nécessité de se délivrer du joug français avait étroitement rapproché les noirs et les mulâtres; mais ces hommes étaient les mêmes qui avaient commis, les uns contre les autres, toutes les injustices, toutes les cruautés, qu'une longue et profonde mésintelligence, que des injures réciproques, qu'une haine sauvage avaient divisés. Dans l'ivresse des combats, dans l'horreur des dangers supportés côte à côte, dans la satisfaction de la victoire obtenue, ils gardaient, au fond du cœur, leurs vieilles préventions, leurs vieux ressentiments.

Une fois l'indépendance proclamée, la caste noire, la caste mulâtre disparurent, naturellement, comme castes, d'une façon complète; mais elles furent remplacées, d'une part, — les souvenirs d'un passé tout récent, l'ambition native de l'homme, ses passions agissant, — par un état d'esprit mulâtre qui voyait, dans un compatriote noir, un individu dont il fallait se garder, se défier; dans l'ascension au pouvoir d'un chef noir, un événement malheureux à tous égards, une menace qu'il fallait conjurer; de l'autre, par un état d'esprit noir qui voyait, dans

l'installation au pouvoir d'un chef mulâtre, un
fait insupportable, un obstacle à l'amélioration
du sort des noirs, en immense majorité dans le
pays, un obstacle au bonheur.

Ces deux états d'esprit entretenus, justifiés,
renforcés par la conduite des politiciens égoïstes
ou ignorants, tout à fait insoucieux des intérêts
et de la prospérité de la patrie ou tout à fait incapables, ont été les causes de tous les malheurs
qui l'ont frappée.

En même temps que l'indépendance d'Haïti
était déclarée, l'antagonisme, la lutte entre les
noirs et les mulâtres éclatait encore, revêtant, cette
fois, sous divers rapports, un autre caractère que
celui qu'il avait eu dans l'ancien régime; antagonisme, lutte, du côté des mulâtres, pour la
prépondérance politique, dans le but de commander pour commander, par orgueil; d'être, comme
leur éducation leur en avait donné l'impérieuse
habitude, au-dessus des noirs, différents d'eux
d'épiderme; dans le but de se prémunir contre
les noirs, contre des représailles explicables et
probables; dans le but de jouir des avantages généraux du pouvoir; du côté des noirs, pour la
prépondérance politique aussi, mais la prépondérance comme moyen de préservation et de nivel-
lement; pour être maîtres, en outre, d'ailleurs,
des bénéfices du pouvoir.

XV

Dans les commencements d'Haïti, ce dernier point de vue, c'est-à-dire celui de jouir des bénéfices du pouvoir, était secondaire, par suite d'une certaine simplicité dans les mœurs, de la modicité des goûts des haïtiens; mais, avec le temps, l'augmentation des besoins, l'état économique d'Haïti sur lequel je m'arrêterai plus loin autant qu'il le faudra, il a pris une importance énorme comparativement aux autres qui ont, néanmoins, subsisté avec une grande force.

Cette lutte, cet antagonisme entre les deux parties de la population haïtienne n'a jamais été avoué hautement, officiellement, excepté dans les périodes de crise aiguë, à la hâte et dans des termes incompréhensibles au vulgaire; il n'en a pas moins dominé la politique haïtienne, et il est inutile de chercher, en dehors de lui, la raison qui a empêché Haïti de s'engager, jusqu'à cette heure, dans la voie bienheureuse que les destinées avaient semblé lui ouvrir.

A toutes les époques de notre existence nationale, en dépit de tous les prétextes invoqués, de tous les mots sonores prononcés, quand on a

voulu, en Haïti, faire une révolution, nommer
un chef d'État, la grande affaire, au fond,
n'a jamais été de savoir si le candidat à nommer
était capable, mais s'il était noir ou mulâtre,
quelle était la couleur de sa peau. Chaque couleur s'est attachée à réaliser à son profit, en met-
tant un homme de sa couleur au pouvoir, la stabilité gouvernementale.

———◦◦◦◦◦⌐⊂◦◦◦◦———

XVI

Par l'histoire, on vient de le voir, l'importance, à l'aurore de notre nationalité, de la question de couleur, en Haïti, en tant que question pure de race, s'explique pleinement. Ici, c'est la fatalité qui est responsable, c'est la fatalité de nos origines.

Mais pourquoi cette question dure-t-elle encore en ce moment, avec l'influence que nous lui connaissons ? Pourquoi sa puissance comme dissolvant social, qui s'est sans cesse manifestée à nous, est-elle encore si grande ? Pourquoi sommes-nous encore si bien pris dans ses liens ?

Pourquoi ? Nous allons le comprendre. Nous n'y saurions parvenir si nous n'avons pas sous les yeux un tableau exact, fidèle de la situation politique et économique d'Haïti.

Le chef de l'État, en Haïti, de quelque nom qu'on l'ait appelé, empereur, roi ou président, a toujours été, à cause des habitudes de l'esclavage qui avait courbé l'âme des populations, qu'émancipera seule l'instruction publique qu'on leur a, jusqu'ici, parcimonieusement mesurée, tantôt par égoïsme, tantôt par ineptie, le chef de l'État a toujours été, en Haïti, dis-je, un

autocrate dans toute l'acception du mot, un
maître qui dispose à sa fantaisie des biens et de
la vie des citoyens, le dispensateur des faveurs
officielles et de la fortune; les constitutions si
libérales promulguées si fréquemment, le suffrage universel, les Chambres, les Sénats, les
Conseils d'État, les corps judiciaires inamovi-
bles et indépendants, la presse libre n'y ont jamais été qu'une fantasmagorie destinée à tromper la civilisation, abritant l'unique volonté du
chef de l'État avec une science, une adresse qui
confondent l'observateur et qui sont un tour de
force intellectuelle tout à fait extraordinaire.
Revêtir le gouvernement despotique de rigou-
reuses formes démocratiques; être tout, au su
de tout le monde, et avoir l'air, pour tout le
monde, de n'être rien, quel rêve! Quel chef d'É-
tat blanc ne l'a caressé! Eh bien! ce rêve a été
fait réalité par les haïtiens, ces membres de
la race noire dont les blancs ont nié l'intelligence, en s'appuyant sur de prétendues raisons
scientifiques (1).

(1) Une nouvelle administration, celle du général Hippolyte, vient de s'établir en Haïti. On ne sait pas ce
qu'elle sera. On affirme que le président Hippolyte laisse
à ses ministres la plus grande latitude dans la direction
de leurs ministères. Je suis mal placé pour vérifier la
valeur de cette assertion. En tous cas, il est certain que,

Dans un pays où la loi est un mot vide de sens, où le chef de l'État est tout, on s'explique qu'une classe d'hommes fasse tout son possible pour se mettre à l'abri de l'arbitraire d'un pouvoir qu'elle se croit hostile, pour n'être pas à la discrétion d'un ennemi pouvant disposer des ressources écrasantes qui s'offrent à ceux qui gouvernent ; on s'explique que les mulâtres aient pu avoir intérêt à éviter le joug d'un chef noir ; on s'explique que les noirs aient eu intérêt à empêcher un mulâtre de diriger le pays sans contestation. Et il n'y aurait, en somme, rien à dire sur les politiciens noirs ou mulâtres, sur l'ambition de nos chefs passés noirs et mulâtres, si, dans les moments où l'un des deux partis réussissait à triompher, les politiciens avaient montré quelque discernement dans le choix des chefs ; si, d'un côté ou d'un autre, on avait songé à recourir, selon l'heure, pour en faire le chef de l'État, à un nègre ou à un mulâtre digne d'une position aussi éminente, alors surtout qu'il devait incarner la nation, la conduire souverainement, et qu'il était évident qu'un tel rôle exigeait certaines qualités, d'autant plus nécessaires qu'il s'agissait d'un pays neuf, où il fallait tout ins-

chaque fois que le général Hippolyte le voudra, ses volontés s'exécuteront sans discussion, comme celles de ses prédécesseurs.

pirer, tout créer; il n'y aurait rien ou pas grand'-chose à dire de nos politiciens passés, s'ils avaient pensé qu'il ne fallait pas s'appliquer à ne voir dans les haïtiens que des noirs et des mulâtres divisés irréductiblement, dans le présent et dans la suite des temps, mais des citoyens solidaires, astreints aux mêmes destinées; qu'il était indispensable, en conséquence, de s'occuper d'effacer les mauvais souvenirs, les malentendus qu'il y avait entre eux, de préparer leur union intime, de préparer l'avenir.

Je parle des politiciens d'Haïti parce qu'ils sont, seuls, responsables de tout. Par un phénomène très curieux et qui se vérifie dans tous les pays et dans tous les temps, les hommes connus sous ce nom parviennent, quoique peu nombreux, à imposer leurs volontés, grâce à d'habiles manœuvres, aux peuples dont ils font partie.

En Haïti comme ailleurs, ils ont décidé, et le peuple, mis par eux en face de faits accomplis, a accepté. Plus les foules sont ignorantes, plus elles sont susceptibles de recevoir les impulsions des politiciens. Parfois, cependant, de grands courants d'opinion les traversent, les emportent: elles savent, alors, dire brusquement et énergiquement ce qu'elles veulent, et elles sont obéies, sans réplique, par les politiciens sans force, annulés.

Je reprends mon sujet :

Les richesses naturelles d'Haïti ne sont exploitées que d'une façon très insuffisante, et, par suite, la misère est très répandue dans le pays : il est difficile d'y gagner même strictement sa vie dans un travail régulier. L'État ne subsiste qu'à l'aide de la quantité de denrées, minime relativement à ce qu'elle devrait être, que produit le paysan haïtien avec une ténacité qui fait venir les larmes aux yeux quand on voit dans quelles conditions il travaille, sans sécurité, sans routes, sans moyens de transport et combien dérisoire est le profit personnel qu'il obtient; quand on songe qu'il n'aurait qu'à se croiser les bras pendant quelques mois, comme le climat le lui permet, pour faire crouler la République. Il n'est pas besoin d'une longue enquête,—j'y insiste, — pour s'assurer qu'en dehors des quelques millions de piastres d'impôts que rapportent ces denrées au gouvernement et du mouvement d'affaires qu'elles provoquent, les habitants des villes d'Haïti n'auraient aucun moyen d'existence.

En outre, en raison de l'ignorance du gros du peuple qui en est à croire qu'il suffit, pour gouverner le pays comme il doit l'être, de savoir, monté à cheval et couvert d'un riche uniforme, passer au galop, en saluant avec plus ou moins de grâce, devant des troupes déguenillées, n'importe qui, en faisant preuve d'un courage brutal à la guerre, peut s'attirer son admiration, acquérir quelque popularité et prétendre être maître de l'État.

On conçoit la persistance des malaises sociaux dans un pays affecté de tant d'éléments d'anarchie.

Les quelques millions de piastres que rapportent, à l'exportation, les denrées fournies par les paysans haïtiens ont toujours été, — les Chambres et les Sénats, je l'ai dit, n'ont jamais existé qu'en apparence, — à l'entière disposition du gouvernement. Les politiciens noirs et mulâtres ont toujours eu pour objectif de les partager entre eux et leurs partisans importants, haïtiens et étrangers, qui habitent les villes d'Haïti. Vu la triste situation morale et matérielle d'Haïti, leurs projets n'ont jamais rencontré d'obstacles sérieux.

Une question économique, la question du boire et du manger, est donc venue s'enter sur la question de race, qui n'était, j'y reviens, primitivement qu'orgueil, ambition. La question de race traînait dans la rue; elle permettait à quiconque voulait en user d'exercer, avec une extrême facilité, une action sur les diverses classes sociales qu'elle préoccupait presque uniquement; elle

permettait à quiconque le voulait de se faire pousser par elle au pouvoir; grâce à elle, le balayeur
des rues au cerveau plein de ténèbres pouvait,
tout d'un coup, se transformer en homme d'État,
puisqu'il suffisait, nègre, de savoir molester, persécuter les mulâtres, brutalement ou en sauvant
les apparences, mulâtre, de savoir travailler adroitement à la misère des noirs : tous les noirs, tous
les mulâtres qui aspiraient, dans toutes les couches de la société, à vivre de la caisse publique, à
commander autour d'eux, se saisirent à qui mieux
mieux de cette arme et, ravis, la manièrent sans
aucune retenue, sans aucun souci, semble-t-il, de
l'avenir de la patrie. La question économique est
venue compliquer tellement la question sociale
qui, au début, je ne saurais trop le répéter, n'était
que la question de race, la question économique
est venue jeter l'autre dans une telle ombre depuis un peu plus de dix ans, qu'aux yeux de ceux
que la complexité des choses déroute, la question économique seule existe, aujourd'hui, en
Haïti.

Cette erreur est facilement compréhensible :

Une soif ardente de jouissances coûteuses paraît brûler toutes les familles, besogneuses dans
le pays presque inexploité; la disposition à se mettre, dans l'intention de se remplir les poches avec
les deniers publics, à la suite de quiconque, noir ou

mulâtre, peut produire un bouleversement intérieur de quelque gravité et s'emparer du pouvoir,
même pour quelques jours, est presque générale;
un grand nombre de nos compatriotes, de ceux qui
se sont placés ou qui ont été placés au pouvoir, se
sont montrés absorbés, depuis quelque temps,
par la cupidité et disposés à ne rien respecter,
en temps de paix comme en temps de guerre civile, dès qu'il s'agissait de gagner quelques poi-
gnées de monnaie; nous les avons vus gaspiller,
dans les plaisirs les moins recommandables, les
sommes qu'ils avaient soustraites, directement
ou non, au trésor, ne jamais songer à légitimer
leurs prises, à se faire absoudre — je dis : *légitimer et se faire absoudre* — en en appliquant,
au moins une petite partie, au service d'une conception politique, au bien public.

Tout cela est de nature à égarer le jugement;
mais, à la vérité, il y a enchevêtrement de deux
questions, et non disparition de l'une d'elles ;
simplement, elles se sont mêlées à tel point
que tout plan d'organisation de notre société qui prétendrait contenir la solution de l'une
sans celle de l'autre devrait être, sans examen,
déclaré illusoire.

A cet égard, aucune discussion sérieuse n'est
possible.

Sa très large part étant faite à l'égoïsme hu-

main qu'il ne faut jamais oublier en matière
d'argent, je trouve encore, en définitive, derrière
toutes les voleries, toutes les malversations qu'a
subies le pays, la vieille question de couleur; c'est
la même vieille lutte intestine, le même vieil
antagonisme, et, s'il nous faut faire un effort
pour nous en rendre compte, c'est que nous re-
gardons le champ de bataille par un autre bout
et que sa configuration change pour nous : les
mulâtres et les nègres sur lesquels deux idées
considérables ont toujours, malgré tout, pesé
d'un poids plus ou moins grand, ont couru après
l'argent pour bien vivre sans doute, mais aussi
pour les vertus propres du métal précieux, pour
la puissance que sa possession donne, pour ce
qu'il permet; les uns voulant dominer, les autres voulant s'opposer à la domination, obtenir
l'égalité sociale par la parité des conditions.

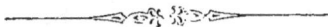

XVII

Cette poursuite de l'argent s'est faite d'une façon
impitoyable, avec une âpreté extrême par les personnalités politiques en évidence par leurs parents
et leurs amis que tout le monde a jalousés et
honorés quand ils ont réussi; elle s'est faite dans
une confusion pareille à celle de la lutte pure-
ment politique; finalement, elle a dépravé le caractère national au-delà de toute expression;
elle a mis le comble aux misères morales qui
étaient résultées de la lutte de peau; par elle, la
défiance, la dissimulation, la haine entre citoyens, entre parents se sont développées au milieu des guerres civiles; par elle, la corruption
publique, qui a toujours existé chez nous —
pour être édifié à ce sujet, il n'y a qu'à lire les
« Mémoires historiques du général J. Bonnet » —
a été grandissante: par elle, l'autorité du chef du
gouvernement, maître de nos finances, en mesure d'obtenir de nos chambres, qui sont, d'ailleurs, en réalité, par lui nommées, en fraude des
lois et de nos tribunaux, les votes qu'il désire et
les jugements qui lui plaisent, est restée illimitée.
Dans le choc des appétits, dans la violence des
compétitions, la distinction entre le bien et le

mal tend à s'effacer de plus en plus, chaque jour, des consciences. Et le peuple haïtien qui devait devenir, avec le droit des citoyens non violé et la richesse du sol qui lui appartient, un peuple opulent, fier et fort, menace de sombrer dans un nihilisme moral absolu, d'être un des peuples les plus malheureux, les plus singuliers qu'on ait vus.

Nous pouvions donc combattre le préjugé de couleur; nous pouvions réagir, nous sauver en nous efforçant d'acquérir, ce qui dépendait sans doute de nous, d'autres mœurs politiques que celles que nous avons ; nous pouvions nous sauver en améliorant la situation économique d'Haïti : nous n'avons rien fait de tout cela, et, de la sorte, nous avons nourri la question de couleur, nous avons mérité nos infortunes.

Les lignes suivantes qu'a écrites, sur la situation désolée du pays, M. Edmond Paul, un de nos rares hommes politiques militants qui sachent de quoi ils parlent, un de ceux qui disposent de la tranquillité intérieure, doivent être retenues et méditées :

« Les haïtiens... n'ont d'autres ressources po-
« sitives, immédiates, que les places de l'État...;
« ils se battent pour les emporter d'assaut. Ces
« places ont le monopole de l'aisance... On se
« bat pour nipper sa femme, en rehausser les

3.

« charmes et la beauté et soi-même vivre en
« gentleman. Certes, le but n'est pas mauvais ;
« il est le stimulant le plus actif du progrès. Seu-
« lement, les moyens sont abominables, et le
« choc du « ôte-toi de là que je m'y mette » sera
« bientôt titanique, si on n'y prend garde (1). »

(1) Edmond Paul. *Les Causes de nos malheurs.*

XVIII

En legs du passé, la nation avait reçu, elle
avait pris des politiciens un critérium pour admettre les gouvernants à sa tête : la couleur de
leur peau. Ignorante, avide de bien-être et de
progrès, elle a accepté les chefs que les politiciens ou le hasard lui désignaient, et elle s'est
abandonnée à eux.

Or, le hasard est aveugle ; les politiciens, trop
préoccupés de leurs intérêts personnels, pour-
suivant trop exclusivement des satisfactions
immédiates pour eux et leurs familles, rappor-
tant trop tout à eux-mêmes, ont composé les gouvernements, par sottise, par égoïsme, sans se
soucier de les faire capables de concevoir un
idéal social présentable et de marcher, guidant le
peuple, vers cet idéal.

Le critérium en qui la nation se confiait, pour
prévoir ce que devaient être ses chefs, l'a cruelle-
ment déçue : elle a été poussée de calamités en
calamités ; elle a dépensé toutes ses jeunes forces
en agitations, en colères stériles ; elle a été main-
tenue dans la misère matérielle et morale ; les
chefs noirs et les chefs mulâtres s'obstinant à
chercher, par des moyens impossibles, la stabi-

lité gouvernementale, sans penser qu'elle ne pouvait être qu'un corollaire de la stabilité sociale,
ont été aussi ineptes les uns que les autres ; on
les a vus culbutés, les chefs mulâtres par les
mulâtres alliés aux noirs, les chefs noirs par les
noirs et les mulâtres confondus, et c'est à peine
s'il en est deux dont les noms prononcés ne
méritent pas d'être accueillis, en Haïti, par des
huées, des invectives ou des malédictions.

XIX

En somme, qui donc est responsable de la politique de couleur? A l'heure où j'écris, que
peuvent espérer de bon de cette politique les noirs
ou les mulâtres? Les uns ou les autres ont-ils
une raison respectable de la continuer ?

Pour ne parler que des conséquences de cette
question les plus proches de nous, de celles par
suite desquelles nous avons été frappés de nouvelles blessures dont nous saignons en ce moment, dans les neuf années de dictature de Salomon, nous ne voyons qu'elle ; c'est elle qui a
fait, en 1883, de Miragoâne, le tombeau de
Boyer Bazelais et de ses amis ; puis, les mulâtres de l'Ouest d'Haïti se sont accrochés déses-
pérément à Légitime en disant sans ambages que
les circonstances réclamaient un chef noir à la
présidence de la République et qu'il leur fallait
Légitime qui n'avait pas de préjugés de couleur,
qui ne leur serait pas hostile parce que mulâtres,
et dont la peau magnétiserait les masses populaires, noires pour plus des quatre cinquièmes.

Légitime, il est vrai, n'avait pas de préventions
contre les mulâtres ; ceux-ci avaient confiance en
lui, ne croyaient pas qu'il pût chercher à leur

nuire à cause de leur peau. Pendant sa dictature de huit mois, il n'a pourtant pas pro-
noncé un mot, fait un acte qui ne fussent ins-
pirés par la question de couleur. Elle plane sur
notre politique ; comme moyen de provoquer les
commotions sociales, elle a toujours sa redou-
table vertu.

On a vu comment elle est née, d'où elle vient.

Dans l'exposition que j'en ai présentée, j'ai
la presque certitude de n'avoir pas erré. Partout
où il y a eu des blancs, des nègres et des mulâtres et l'esclavage des noirs, il y a, aujourd'hui,
une question de couleur entre les noirs et les
mulâtres délivrés cependant, à tout jamais, de la
servitude. Dans les colonies françaises, par
exemple, à la Martinique, à la Guadeloupe, la
question existe : on comprend que le régime
sous lequel vivent ces pays empêche qu'elle
puisse avoir la même importance qu'en Haïti.

Ce ne sont pas les noirs qui auraient pu, dans
l'ancienne Saint-Domingue, du fond de leur
avilissement, l'inventer ; ce n'est pas Toussaint-
Louverture : un conflit armé entre les noirs et les
mulâtres devait, il n'en doutait pas, ruiner peut-
être tous ses plans ; ce n'est pas Dessalines, si
étrangement qu'il ait voulu exercer son pouvoir
souverain : le témoignage de l'historien mulâtre
Madiou est formel sur ce point. Un des plus chers

désirs de Dessalines, c'était de donner sa fille en mariage au chef mulâtre Alexandre Pétion, le même qui fut Président de la République.

On ne peut pas, non plus, soutenir que la politique de couleur ait été, après la proclamation de l'indépendance, ou plutôt en même temps, inaugurée par les mulâtres: c'est *par des mulâtres* qu'il faut dire.

A aucune époque, même sous l'administration coloniale, — je l'ai déjà noté, en attirant sur ce point l'attention spéciale du lecteur — les mulâtres n'ont été unanimement hostiles aux noirs.

Si l'antagonisme entre les noirs et les mulâtres s'est affirmé, à des heures particulièrement sinistres de notre vie nationale, d'une façon telle qu'elle semblait dresser la presque généralité des noirs contre la presque généralité des mulâtres, voici comment ce fait doit s'expliquer :

Les masses noires qui ont toujours été, — effet de l'instinct populaire, — parfaitement au courant de ce qu'on a entrepris contre elles ou de ce qu'on n'entreprenait pas pour elles, ce qui est la même chose, incapables de faire, entre les mulâtres, des distinctions *à priori*, — nul ne s'en étonnera, — les englobèrent tous, à la longue, dans la même défiance, sauf à considérer comme noir le mulâtre qui leur aurait donné des preuves de fraternité ou d'indifférence à l'égard de la question de couleur. Les mulâtres mêmes qui n'avaient rien à se reprocher, enveloppés par les noirs dans la même suspicion, par suite des procédés d'une partie de leur classe, se sont habitués, par une sur-réaction, à garder une réserve inquiète dans leurs relations avec leurs concitoyens noirs, en présence, surtout, des révolutions incessantes portant, aujourd'hui, au pinacle, avec le droit de tout faire, celui qui était, hier, dans le néant et l'y rejetant ensuite, en présence de l'incertitude offerte par les hommes et les choses.

C'est de là que viennent, en Haïti, les catégories politiques et sociales suivantes :

D'une part, au regard des mulâtres :

1° Les mulâtres (1), tout court; 2° les bons mulâtres, c'est-à-dire les adeptes de la politique anti-noire; 3° les mauvais mulâtres, c'est-à-dire les mulâtres qui font cause commune avec les noirs, soit par intérêt privé, soit par calcul patriotique, et qui, après la découverte des conspirations ou la compression des insurrections sont les plus ardents à exciter les gouvernements noirs à tuer les mulâtres coupables : ces mulâtres amis des

(1) En Haïti, ce mot a deux sens : le sens ethnographique et le sens politique: dans ce dernier cas, il veut dire, seul, *ennemi des noirs*.

noirs sont peut-être plus haïs que les noirs
mêmes par les mulâtres anti-noirs;

D'autre part, au regard des noirs :

1º Les noirs, tout court; 2º les bons noirs;
3º les mauvais noirs, expressions qui se com-
prennent aisément à l'aide de ce que je viens
de dire. Il va de soi que les bons mulâtres, pour
les mulâtres, sont de mauvais mulâtres pour les
noirs, et réciproquement.

A cette classification, il faut ajouter les griffes,
produits de l'union du mulâtre et de la négresse
ou *vice versâ*; ils tiennent le milieu entre le noir
et le mulâtre et sont revendiqués de deux côtés :
c'est leur force et leur faiblesse. Car, s'ils peuvent
facilement se faire admettre, à volonté, à droite
ou à gauche, ils sont aussi facilement soupçonnés
de trahison et reniés par un camp ou par l'autre.
Un exemple de ces distinctions curieuses : le
général Séïde Thélémaque, mulâtre, était, poli-
tiquement, un noir : il avait épousé une négresse; il avait servi des gouvernements noirs
avec énergie, et, s'il avait pu parvenir à la présidence, on aurait été fort embarrassé pour exploiter contre lui, dans les masses noires, la
question de peau.

Je ne fais pas, ici, un cours d'histoire d'Haïti.
Ceux qui ont étudié le passé de notre pays ne
peuvent que confirmer mes assertions; ceux qui

ne l'ont pas étudié n'ont qu'à se renseigner. Je
ne veux ni atténuer ni exagérer. Ma tête et mon
cœur sont libres.

Oui, la politique de couleur a été conçue par
des *mulâtres*. Elle fut systématisée, appliquée,
nettement inaugurée par le président J.-P. Boyer
qui succéda à Alexandre Pétion en 1818.

En matière de formation sociale, les commencements influent tellement sur les suites, qu'il est
naturel qu'on se demande que penser, relativement au sujet qui nous occupe, de ce même
A. Pétion et de Henri Christophe, de ces deux
hommes que nous trouvons, aux premières
heures de notre nationalité, gouvernant en même
temps, avec des pouvoirs. en fait, sans bornes,
Haïti qu'ils s'étaient partagée après une lutte
armée. J'ai déjà assez exprimé mon opinion sur
Toussaint Louverture, Rigaud et Dessalines :
je ne reparlerai plus d'eux.

A mon avis, Christophe, le représentant des
noirs, Pétion, le représentant des mulâtres doivent être mis hors de cause : ils ne pouvaient pas
exercer une action modificatrice bien notable; ils
étaient trop près des événements d'où sortit
Haïti; le tumulte des esprits n'était pas assez
apaisé. Mais, intelligents, ils ne crurent pas
qu'il fallait perpétuer la division entre les haïtiens.

Christophe fut un civilisateur violent, un édu-
cationniste : l'accord social était une conséquence inévitable et prévue par lui de son mode
de gouverner.

Pétion, homme de cœur et faible, préoccupé
de l'avenir, n'ayant pu tenir Christophe en
échec qu'en flattant les masses noires grossières,
en opposant à sa politique sévère, inexorable
envers ceux qui y étaient soumis, une politique
de laisser-faire, de paresse, de démoralisation
incompatible avec le devoir qui lui incombait et
qu'il sentait, c'est-à-dire l'organisation régulière
d'une jeune société; se voyant entouré de passions basses et intraitables, plia sous cette insupportable situation : il se suicida, sceptique et
écœuré, se recommandant, ainsi, à l'indulgence
de l'historien. Par une suprême ironie du sort,
ceux qui le contraignirent à se tuer firent sem-
blant de le pleurer, l'appelèrent « Père de la Patrie », lui rendirent des honneurs extraordi-
naires, pour étayer une combinaison qui fit fortune pendant longtemps, qu'il aurait réprouvée, et
qui consistait à montrer dans les chefs noirs des
êtres malfaisants, dans les chefs mulâtres des
réceptacles de vertus.

Il est impossible de juger cette politique de
couleur sainement, avec loyauté, avec patriotisme si on perd de vue le moindrement les ori-

gines de notre nationalité, les fatalités qui se
sont appesanties sur elle.

A l'heure où la politique de couleur a sévi
avec le plus d'intensité, sous la longue dictature de son plus fameux représentant, J.-P.
Boyer, de 1818 à 1843, la majorité des mulâtres
n'y avait pas adhéré. Au début de son administration, Boyer haïssait la partie noire de la population. Se prévalant de ce que, malgré les
sentiments malveillants qui divisaient les noirs
et les mulâtres, les mulâtres occupaient, en
grande majorité, les hautes places de l'État où,
pourvus d'une instruction qui manquait aux
noirs, ils avaient pu s'installer, tout naturellement, sans contestation; se fondant sur ce qu'il
avait pu s'imposer comme chef, quoique mulâtre, aux noirs pourtant mécontents et si nombreux par rapport aux mulâtres, il estima que
c'était à l'ignorance des noirs qu'il fallait attri-
buer ces faits, car cette ignorance leur rendait
très difficile une action habile, adroitement
combinée; il résolut de consacrer tous ses soins
à les y maintenir en les privant des moyens
d'en sortir, en empêchant, chose facile à un gouvernement tout-puissant, le développement de
toute personnalité qui, malgré tout, parviendrait
à se former dans leurs rangs et d'établir, ainsi,
la prépondérance sociale et politique de sa cou-

leur, de constituer une oligarchie composée de quelques familles mulâtres, qui se recruterait parmi les mulâtres quand il y aurait des vides à combler ; qui exploiterait le pays ; qui s'enrichirait dans les fonctions publiques supérieures, — seul moyen de fortune, — à l'exclusion, autant que possible, des citoyens noirs; qui serait en mesure, en conséquence, de s'instruire, de se civiliser, d'être en relations avec l'étranger, de s'en faire bienvenir et d'en être soutenu au besoin et qui serait, dans la suite des temps, indispensable à la tête du pays. Il considéra, dès lors, tout instituteur public, tout partisan de la diffusion des lumières dans la nation comme un ennemi personnel, l'égalité sociale et politique pour tous étant une suite logique de la généralisation de l'instruction publique.

Voilà la politique de caste, la politique de couleur, le boyérisme dans toute sa pureté.

Rien n'était plus puéril qu'une pareille conception.

Boyer vit, bientôt, ce qu'elle valait, aux conspirations des noirs qui se tramèrent sans cesse autour de lui, aux alertes continuelles qui fatiguèrent son gouvernement, aux attaques et aux protestations que dirigèrent contre son administration des mulâtres comme lui qui se montraient effrayés de l'abrutissement des masses noires, des dangers qui pouvaient en résulter pour eux, de la misère qui étreignait le peuple, suite du défaut de toute direction, de toute sollicitude de la part du pouvoir, misère qui, en vertu de la loi de solidarité de toutes les classes sociales dans un même État, ne les respectait pas eux-mêmes plus que la classe noire.

Il fut hors de doute pour Boyer qu'il était impossible d'élever quelque chose de solide, de fixe sur cette base: l'antagonisme des couleurs. Paresseux, esprit étroit, inaccessible à toute idée noble et généreuse, il décida de laisser marcher, autant qu'elle le pourrait, sous sa surveillance, la machine défectueuse, anti-nationale, anti-civilisatrice et anti-humanitaire qu'il avait montée. Il s'enferma dans un dur égoïsme, s'attacha au pouvoir pour le pouvoir, et ne se servit plus de la méfiance existante entre les noirs et les mulâtres que comme moyen de régner, lançant indifféremment ou sur les mulâtres, ses ennemis, qu'il calomniait, les masses noires qui ne se faisaient pas prier pour frapper, ou sur les noirs, les mulâtres inquiets; employant, suivant les circonstances, une classe à tenir l'autre en respect : « Après moi, le déluge ! (1) » avait-il coutume de dire.

(1) Souvenirs historiques du général J. Bonnet; par Edouard Bonnet; page 376.

Finalement, en janvier 1843, une révolution conduite par les mulâtres ses adversaires, à qui il n'avait pas ménagé les insultes et les brutalités, le chassa du pouvoir. Il partit, laissant au pays, comme bilan de ses vingt-cinq années de domination, la misère matérielle et intellectuelle, une profonde perspective de guerres civiles.

Ce qui se passa après la chute de Boyer prouva que les mulâtres qui l'avaient combattu n'étaient, en majorité, que des ambitieux sans foi ni loi, sans capacité politique; mais Boyer n'eut pas été vaincu si les critiques qu'il avait méritées n'avaient pas été approuvées par le gros des mulâtres et si ceux-ci ne s'étaient pas mis contre lui.

Jusque dans l'entourage même du despote, parmi ceux qui bénéficiaient de sa situation, il y avait des mulâtres qui souhaitaient vivement, en vue de l'intérêt général, l'alliance intime des mulâtres et des noirs. On connaît la belle pièce de vers de Pierre Faubert intitulée : *Aux Haïtiens*, où le délicat écrivain conseille aux nègres et aux mulâtres de s'unir. Pierre Faubert était un familier et un parent de Boyer.

Il ressort avec la dernière évidence, de tout ce qui précède, que la politique de couleur s'est formée contre les noirs, qu'elle n'a jamais visé qu'eux, qu'elle n'a jamais fait souffrir les mulâtres que par ricochet; qu'à l'égard de ceux-ci, les noirs n'ont jamais fait que se défendre.

Dans l'ancien régime comme dans notre société haïtienne qui en est issue, les noirs n'ont jamais eu, en somme, qu'un objectif : l'égalité civile et politique avec les mulâtres, non seulement dans la loi qui est si souvent un mensonge, mais dans les faits courants, ordinaires de la vie.

XX

Depuis 1843, la stabilité gouvernementale
poursuivie sans cesse, tantôt par un chef mulâtre, tantôt par un chef noir, dans la prépondérance des mulâtres sur les noirs et réciproquement, a été insaisissable.

Elle aurait été obtenue si les castes jaune et
noire de l'ancien régime, avec leurs lignes de
démarcation bien tracées, avaient pu être re-
constituées en Haïti, et si le but des efforts des
politiciens, de part et d'autre, avait été inconnu
des masses : une caste aurait, alors, fini par
maîtriser l'autre et par régner en paix.

Mais la reconstitution, dans la nation haïtienne, de castes comme il en avait existé à St-
Domingue, était, on le comprend sans peine, une
impossibilité.

Pour les noirs et pour les mulâtres, il a toujours été sûr que le jour où leurs aspirations
contraires seraient catégoriquement précisées et
formulées, il arriverait comme une sorte de fin
du monde, que la terre même d'Haïti disparaî-
trait dans un grand cataclysme.

C'est ainsi qu'il y a toujours eu, dans toutes
les classes de la société haïtienne, comme un

4

mot d'ordre,—qu'on a commencé, cependant, ti-
midement, depuis cinq ou six ans, à ne plus
observer, — pour ne pas parler, en public, de ce
secret universel, et que, devant celui qui veut
l'examiner en dehors du cercle de ses plus intimes,
les nègres, les mulâtres et les griffes se voilent la
face, profèrent, à l'unisson, des imprécations
contre l'audacieux, le traitent « d'ennemi de la
famille haïtienne », — ce sont les mots consa
crés, — qu'il est accusé de chercher à diviser,
et, pour démontrer irréfutablement qu'ils sont
bien unis, le sacrifient sans hésiter.

C'est ainsi que l'histoire d'Haïti n'a jamais pu
être écrite librement par un haïtien, que ceux
qui l'ont sérieusement abordée se sont étendus
seulement sur la société coloniale et ne se sont
hasardés à traiter que de nos toutes premières
années, déjà dangereuses pour eux, et avec d'in-
finies précautions.

On est pris de pitié quand on voit, par exemple, Madiou, dans le troisième et dernier volume de son *Histoire d'Haïti*, déclarer, feignant
d'oublier des faits qu'il venait, somme toute, de
raconter, que la cause de la lutte qui eut lieu
entre Toussaint-Louverture et Rigaud, entre
Pétion et Christophe, fut que Rigaud et Pétion,
les mulâtres, voulaient faire prévaloir des principes démocratiques, tandis que Toussaint et

Christophe, les anciens esclaves, étaient les
champions des principes aristocratiques ; on est
pris de pitié, puisqu'il n'est pas discutable que
les chefs noirs et les chefs mulâtres ont tous
pratiqué le despotisme absolu, et qu'il n'y a eu
entre eux qu'une différence, c'est que les chefs
noirs moins policés, moins fins, y ont été carré-
ment, se sont, sans détours, nommés empereurs
ou rois.

C'est ainsi que cette histoire n'a jamais pu
être enseignée dans les écoles d'Haïti, les raisons
des événements étant considérées comme inex-
posables.

C'est ainsi que, bien que les idées de derrière
la tête des chefs d'Haïti, noirs et mulâtres, n'aient
jamais été douteuses pour personne, celui d'en
tre eux qui aurait jamais osé avouer hautement
ces idées aurait été, sur l'heure, dévoué par ses
propres partisans aux dieux infernaux.

On s'est ingénié à rester, au prix de malheurs
nationaux constamment renouvelés, dans le
vague, dans les finasseries, à rouler le rocher de
Sisyphe, à tourner bêtement et hypocritement
dans un cercle de fer et à répéter, chacun à part
soi, le mot de Boyer : « Après moi, le déluge! »

Il y a quatre-vingt-six ans —, notre âge comme
peuple, — que cette tragi-comédie se joue en
Haïti, s'opposant à toute éclosion de caractères,

à toute franchise, nous avilissant dans nos
cœurs et dans nos esprits, faisant de l'haïtien
magnifique que promettaient les exploits de la
guerre de l'Indépendance, l'homme le plus soup-
çonneux, le plus fourbe, le plus tortueux qu'on
puisse rencontrer.

XXI

Après Boyer, la question de couleur a suivi sa marche ; rien n'a été tenté pour la régler conformément aux exigences de l'intérêt national ; les populations, de plus en plus éprouvées par des catastrophes laborieuses à expliquer pour elles, sont devenues de plus en plus ombrageuses. Depuis Boyer, aucun président mulâtre n'a jamais pu penser, une minute, à composer son ministère exclusivement de mulâtres ; pas un président noir n'a pu, à aucun moment, s'entourer uniquement de noirs. Dans un cabinet, il est d'usage, il est obligatoire qu'il y ait, dans une proportion à peu près égale, des noirs et des mulâtres, ou des noirs, des griffes et des mulâtres. On a vu, parfois, la proportion des mulâtres l'emporter en nombre sur les autres, mais seulement quand le président était noir, se croyait fortement assis et voulait faire de la fantaisie.

En conséquence, s'agit-il de nommer un ministre des finances ? Le Président ne s'inquiétera pas de trouver un homme possédant quelques connaissances financières et devant les appliquer au développement de la fortune pu-

blique ; il se demandera si c'est un nègre, un
griffe ou un mulâtre qui manque dans son ministère, et il y appellera un individu quelconque, à
son choix, pourvu que cet individu soit de la
couleur nécessaire. Les finances, elles, devront
s'arranger au petit bonheur. On cite, en Haïti, le
mot suivant qu'on attribue au Président Nissage
Saget confiant à un de ses amis une charge dont
il était sûrement, — comme, d'ailleurs, pour la
sienne le dit Président, — incapable de remplir
les devoirs : « S'il ne peut pas le porter, il le
traînera. »

C'est à cette politique, simplifiant d'une façon
inouie les garanties indispensables en tous pays
et qui sont exigées de ceux qui gouvernent et
administrent, c'est à cette politique que nous
avons dû d'avoir, quoique nous soyons en contact continuel avec les nations civilisées, des
chefs d'État qui savaient à peine lire ; c'est à
cette politique, la seule qui soit pratiquée en
Haïti, que nous avons dû d'avoir, dans les si-
tuations officielles les plus hautes et les plus
délicates, des hommes plongés dans une nuit
intellectuelle presque complète, faisant faire leur
besogne, tant bien que mal, par des sous-ordres,
par des secrétaires ; dans nos Chambres, dans
nos Sénats, des individus étrangers à tout savoir
quelconque ; c'est à cette politique que nous de-

vons qu'il est admis dans notre pays que n'importe qui est propre à n'importe quoi, et que le premier portefaix venu, sous son fardeau, le paysan le plus grossier, dans sa cabane, ayant en poche un brevet de général de division, peuvent songer, le plus naturellement du monde, à un bouleversement social qui leur permettra de se jucher au fauteuil présidentiel, ou, tout au moins, de décrocher un portefeuille ; c'est à cette politique que nous devons de voir surgir, aux heures lugubres si fréquentes de notre existence nationale, des dernières couches de notre société, ces généraux primitifs et terribles, bêtes fauves qui se jettent sur les citoyens sur un signe de l'ambitieux qu'ils suivent stupidement, qui brûlent nos villes, qui saccagent nos campagnes, qui violent les femmes et les filles, qui disposent, à discrétion, de notre liberté et de notre vie.

Si une telle politique devait être continuée, l'indépendance d'Haïti s'abîmerait, sans doute, un de ces jours, pour répéter un mot célèbre, *dans le sang et l'imbécillité.*

La question de couleur est, présentement, tour à tour, cause et effet de nos guerres civiles.

La question de couleur a trop fait pleurer la patrie ; elle ne représente, de quelque côté qu'on l'envisage, ni une politique désirable, ni une

politique supportable. Elle signifie prépondérance des noirs sur les mulâtres ou prépondérance des mulâtres sur les noirs : or, il résulte
de notre histoire que, ni ceux-ci ni ceux-là, n'ont
pu saisir sérieusement cette prépondérance ; les
moyens directs, c'est-à-dire la main mise sur
les fonctions publiques les plus importantes
n'ont réussi ni aux uns ni aux autres ; les
moyens indirects sur lesquels on s'est rabattu,
en désespoir de cause, c'est-à-dire la possession
de l'argent devant être enlevé de la caisse publique, ne peuvent, — c'est bien visible, — donner
aucun résultat dans le sens désiré, puisque les
événements qui ont eu lieu dans le pays depuis
dix ans notamment montrent que les mulâtres et
les noirs sont obligés de s'associer quand ils veulent piller l'État ; que les uns et les autres sont
absolument décidés à exiger, — selon l'expression haïtienne, — leur part du *gâteau*.

La question de couleur doit être résolue.

La conscience nationale qui s'est peu à peu
formée, l'instinct populaire ont toujours été contraires à tout régime d'injustices ; ils ont toujours penché du côté de l'amour, de la fraternité ; haïr leur a toujours été dur. En dépit des
efforts des politiciens, les relations forcées entre
les haïtiens de toutes nuances se sont étendues ;
les intérêts ont été s'enchevêtrant : l'égalité poli-

tique en fait entre les citoyens, œuvre générale
de la nation et qui était dans la nature des
choses, existe aujourd'hui. Un J.-P. Boyer n'est
plus possible en Haïti. L'égalité en droit et en fait
avec les mulâtres, c'était, dans l'ancien régime,
je l'ai dit, le rêve des noirs; c'est le seul objectif
qu'ils aient, en fin de compte, visé, avant et
depuis l'indépendance, le cœur gonflé de sentiments affectueux comprimés ; et puisque la majorité des mulâtres a toujours souhaité ardemment la paix sociale, organisons la paix sociale;
finissons-en avec les malentendus.

Sur notre sol luxuriant, il y a plus de place
qu'il ne nous en faut à tous, nègres et mulâtres;
dans ses flancs, il y a plus de richesses qu'il
n'en faut pour assouvir nos cupidités les plus
ardentes.

XXII

Que faire donc?

Toutes nos douleurs nous ont-elles laissé, au moins, quelque expérience dont nous puissions profiter pour l'avenir?

Je me tiens attaché, inébranlablement, à ces principes simples : *Les aspirations des hommes, seuls ou réunis en société, ne peuvent avoir pour objet que le bien-être;*

Rendez les hommes heureux, et vous n'aurez rien à craindre d'eux.

C'est là tout ce qu'il faut saisir.

Dire, dans l'état actuel des choses nationales, que le mulâtre ne peut pas aimer le pays; que son but, en arrivant au pouvoir, ne peut être que de s'enrichir, d'enrichir les siens et de travailler au malheur des noirs, le déclarer incapable, en général, de toute sympathie, c'est en faire un être au-dessus ou au-dessous des conditions connues de l'humanité. Si l'enfant même d'un blanc, né en Haïti, qui y aurait été élevé pourrait, sans que cela surprît personne, parvenu à l'âge d'homme, s'attacher à notre pays au point de lui tout sacrifier, le cas échéant, comment admettre que le mulâtre, né comme nous tous sommes

nés, ayant sucé dans l'enfance, comme nous,
du lait de femme et non du lait de tigresse,
descendant d'haïtiens, du plus loin qu'on puisse
suivre sa généalogie, soit inapte à éprouver aucun sentiment généreux pour ceux au milieu
desquels il aurait vécu? Dire, d'un autre côté,
que le nègre ne saurait avoir, parce qu'il a la
peau noire, en s'installant au pouvoir, d'autre
pensée que de persécuter, d'avilir, de ruiner les
mulâtres, c'est émettre une affirmation qui ne
peut se justifier ni par l'histoire ni par le raisonnement : les noirs n'ont aucun intérêt à vouloir rendre la vie odieuse aux mulâtres.

Certainement, il y a des nègres qui haïssent
les mulâtres; il y a des mulâtres qui haïssent
les nègres, qui les méprisent, — nous en connaissons, et cela se comprend, — mais c'est, des deux
côtés, une minorité. Qu'ils gardent leurs haines
et leurs mépris réciproques, si bon leur semble;
qu'ils gardent cette tare, ce signe de flétrissure
du servilisme d'autrefois. Homme de liberté, je
ne peux pas souhaiter qu'on leur demande
compte de leurs sentiments intimes; mais nous
devons organiser le pays de telle sorte que ces
sentiments ne puissent influer que sur leur vie
privée et soient inoffensifs, dans la vie publique,
pour les hommes de paix et de bonne volonté.

La question de couleur ne peut plus avoir pour

objet que de permettre aux politiciens noirs et
mulâtres de s'entendre pour s'enrichir, pour se
faire « sans pitié pour le pays, une... fortune
particulière dans un coin de la grande infortune
publique »; ce n'est plus qu'un levier puissant
propre à produire, au détriment de la généralité,
les grands ébranlements politiques.

Et à la foule des haïtiens qui soupire après la
tranquillité, je dis : « Les faits parlent avec élo-
quence ; il n'est pas permis de se méprendre sur
leur langage : Prenez garde, tout particulièrement à la question économique ; la tranquillité
ne résultera que du développement de nos intérêts matériels; la tranquillité est incompatible
avec l'état misérable du pays ; « la paix, cette paix
dans les esprits et dans les cœurs, tant souhaitée
par tous ceux d'entre nous qui ont quelque patriotisme, sera difficilement détruite lorsqu'elle
sera assise sur le bien-être public, lorsque chacun aura une fortune commencée à achever, des
économies, fruit de son labeur, à sauvegarder. »

Et aux politiciens noirs et mulâtres, je dis :
« Nous ne voulons plus de la politique incohérente
que vous nous avez imposée jusqu'ici et qui a
jeté dans le désespoir tous les bons citoyens ;
nous sommes las. Si vous croyez qu'en dehors
du développement de nos intérêts économiques,
il y a un moyen de résoudre le problème social,

marchez, montrez-nous votre plan, aboutissez. Vous ne pouvez pas vous imaginer, pensons-nous, que les anciens plans qui n'ont rapporté aux autres que des mécomptes seront bons dans vos mains. A notre avis, si le moyen que nous proposons n'est pas agréé par vous, vous ne pouvez adopter que deux solutions : Ou bien vous, politiciens noirs, vous vous mettrez, fermes et intrépides, à la tête des noirs, et vous précipiterez dans les dernières classes sociales, en les spoliant et en les traitant en parias, les mulâtres qui, pour des raisons que l'histoire explique, ont toujours été, en majorité, dans les parties aisées et élevées de notre société; ou bien, non moins fermes et non moins intrépides, vous vous arrangerez pour les égorger, pour les chasser de la surface d'Haïti qui leur appartient comme à vous, après avoir décidé, au préalable, — car c'est très important, — si les griffes sont noirs ou mulâtres, après avoir fait défense à tout mulâtre étranger d'aborder en Haïti, sous peine de mort, et à tout noir ou à toute négresse d'Haïti d'avoir commerce d'amour avec un membre de la race mulâtre ou de la race blanche ;

Ou bien, à la tête des mulâtres, vous, politiciens mulâtres, vous vous chargerez d'exécuter, d'un cœur et d'une main d'acier, le programme

7

que nous venons d'exposer, des politiciens noirs contre les mulâtres :

Nous vous sommons de choisir entre ces alternatives. »

Mais le bon sens public empêchera les politiciens de choisir.

Le critérium en usage aujourd'hui, en Haïti, pour deviner les intentions, les idées des individus n'a aucune valeur, notre société n'étant pas composée de castes fermées, à intérêts opposés. Le critérium à offrir au pays, désormais, pour juger les hommes, le seul raisonnable, c'est leurs qualités, leurs antécédents, leur façon de vivre.

XXIII

Un parti nouveau, auquel la dissolution in-
volontaire, et qui n'a pas pu être conjurée, de nos
deux seules associations politiques importantes
semble avoir eu pour fin de préparer la voie et
que j'appellerais, — écartant les dénominations
de *libéral* et de *national*, usées, inacceptables
pour les uns ou pour les autres et qui font songer à trop de calamités, — *le parti démocrate-
progressiste*, naîtra, je l'espère. Étudiant exclusivement les besoins réels de la société, il n'aura
d'autre préoccupation que de découvrir, d'employer, pour les satisfaire, les procédés reconnus efficaces dans les pays civilisés; il s'éver-
tuera à rendre Haïti heureuse pour la rendre
paisible ; il créera la sécurité intérieure et extérieure ; il suivra avec un soin attentif, — qui veut
le but devant vouloir les moyens, — sans passe-
droits, néanmoins, contre personne, les individualités qui, appartenant aux couches noires
profondes de la nation, auront fourni un effort
intellectuel ou moral remarquable et qui voudront monter, il leur tendra la main, — c'est à ce
devoir qu'ont manqué les mulâtres au début
d'Haïti et plus tard, — convaincu de faire, ainsi,

œuvre éminemment démocratique, c'est-à-dire
patriotique, parceque ces individualités serviront d'exemple à ceux des rangs desquels ils
seront sortis et qui voudront, sans doute, les
imiter ; il substituera à une politique d'hypo-
crisie, de haine, de misère à jamais maudite,
une politique sincère de liberté, d'égalité et de
fraternité.

Dans un tel parti, sur un pareil terrain, les
Boisrond-Canal, les Edmond Paul, les Mani-
gat, les Montasse, les Piquant, les Thoby, les
Prophète, toutes ces forces ou inactives, ou inu-
tiles, ou dévoyées, ou malfaisantes, s'ils veulent
fermement oublier, se retenir, j'ajouterai même
les Hippolyte et les Légitime, pourront se rencontrer et se donner la main pour la patrie dans
un dessein hautement et nettement proclamé.
Tout le monde ne peut pas être à la fois Président d'Haïti, mais il faut que tout le monde vive
— il serait puéril de ne pas tenir le plus grand
compte de cette considération ; — or, ce n'est pas à
la présidence d'Haïti seulement qu'on peut gagner sa vie et celle des siens : il est possible de
s'entendre, de faciliter à tous les chefs de groupes
politiques une transaction nécessaire, de faire
une place à tous dans la caravane afin que, déli-
vrée de tout malaise, de toute inquiétude, elle ait

tout loisir de se mettre en route pour l'oasis, pour l'avenir.

Que les hommes que je viens de nommer fassent franchement, sans vaine arrière-pensée, un pas dans la voie que j'indique, et, j'en suis sûr, le pays soulagé jettera un voile sur le passé.

L'apaisement social ne tarderait pas à arriver si la nation voyait, dans le parti des *démocrates-progressistes* haïtiens, noirs et mulâtres enfin confondus en pleine lumière s'enquérir à l'envi, répudiant les petites intrigues d'hier et d'aujourd'hui, des moyens de lui donner les satisfactions qu'elle désire si ardemment; quand elle sentirait, quand elle toucherait les bienfaits d'une politique méthodique.

Alors, quand il faudra, par exemple, élire un député à la représentation nationale, il ne suffira plus au candidat noir, pour l'emporter sur son compétiteur mulâtre, de descendre dans les masses, comme à cette heure, et de montrer sa peau impuissante toute seule à procurer le bien-être à ceux qui ne souhaitent que cela; et le mulâtre qui voudra attenter à la paix publique et qui ne comptera que sur la sienne, l'étalera en vain aux yeux des nègres et des mulâtres calmes, réconciliés et qui souriront devant cet anachronisme; alors, il ne sera plus d'une importance capitale, comme aujourd'hui, de s'inquiéter de

la nuance de l'épiderme d'un citoyen avant de
lui confier la première magistrature.

Et la politique qui ne consiste, en Haïti,
présentement, qu'à fournir à quelques haïtiens,
noirs et mulâtres associés et à quelques étrangers, leurs compères, l'occasion de ramasser
quelques milliers de piastres, parfois quelques
millions, dans la boue sanglante, dans les larmes des femmes et des enfants, deviendra cette
chose élevée et grave qu'elle est dans les autres
pays, pour ceux qui n'en font pas un gagne-
pain.

XXIV

Mais les idées, les sentiments fondamentaux des populations ne se modifient pas instantanément, du jour au lendemain, et il est toujours insensé de vouloir les violenter. Leur changement ne doit être demandé qu'au temps et à d'habiles mesures.

On sait si l'antagonisme entre les noirs et les mulâtres d'Haïti a sa raison d'être ! Le passé pèse sur nous.

En présence des dispositions de la grande masse noire qui sent moins sa misère, qui est plus disposée à endurer quand elle voit un noir à la tête de l'État, qui, y trouvant une satisfaction considérable à laquelle elle tient beaucoup, devient, si on la lui donne, moins maniable, moins facile à remuer pour les pêcheurs en eau trouble, un chef noir ou une succession de chefs noirs, secondé par des lieutenants noirs et mulâtres patriotes et d'esprit ouvert, peut conduire, eut précipiter avec plus de quiétude et de hardiesse qu'un chef mulâtre ou qu'une série de chefs mulâtres l'évolution sociale si vivement désirable.

Les conducteurs de notre politique, les noirs

loyaux, les mulâtres reconnaissant la nécessité
d'une abnégation patriotique devront, quand
l'heure en sera venue, choisir ces chefs noirs
avec un soin extrême.

Sans doute, ces chefs-là n'auront plus l'omni-
potence que se sont arrogée, jusqu'ici, tous nos
chefs, favorisés par nos divisions ; sans doute,
unis, réunis par des principes, nous saurons les
contraindre à rentrer dans leurs attributions,
s'ils en sortent; mais, de longtemps, ils seront
encore très forts. Il les faudra assez intelligents
pour comprendre que c'est leur intérêt d'y rester, que c'est l'intérêt général que chacun soit à
sa place et à sa besogne; il les faudra connus par
leur bon sens, leur esprit de résolution, leur
énergie, en état de se pénétrer du rôle qu'ils devront jouer, sachant ce que c'est que la civilisation; non des savants,—ce n'est pas nécessaire,—
mais munis d'un minimum d'instruction indispensable, et, quoiqu'il n'y ait pas de dicton plus
judicieux que le dicton haïtien : *Palé francé pas
l'esprit* (Il ne suffit pas de savoir parler le français pour être un homme de valeur), entendant
bien, néanmoins, le français, la langue officielle
du pays, dans laquelle ses affaires sont discutées,
et capable de s'exprimer, en somme, convenable-
ment dans cette langue.

Des chefs noirs quelconques nous ramène-

raient en arrière; ils retomberaient dans la politique de couleur si commode, et, ou bien, sous
l'inspiration de mulâtres anti-patriotes, ils seraient dans leurs mains une terrible épée qui
pourrait porter aux noirs, au cœur, des coups
sûrs (des chefs mulâtres même ouvertement hostiles vaudraient mieux pour ceux-ci, car ils
auraient moins d'autorité, seraient obligés à plus
de circonspection et de ménagements), ou bien,
si nous les supposons poussés par des noirs
mauvais citoyens, les mulâtres auraient tout à
en redouter.

XXV

2° DE LA QUESTION DU TRAVAIL A RENDRE POSSIBLE, A FACILITER, A CRÉER.

Si je ne m'abuse, j'ai pleinement démontré que la cause de l'instabilité sociale et gouvernementale en Haïti, en ce moment, c'est, en fin de compte, sa déplorable situation économique. Que le pays devienne prospère, que la richesse publique, qui est l'ensemble des richesses particulières, se déneloppe à tel point que l'excellence de l'ordre, de la paix soit évidente pour l'haïtien le plus grossier, le plus incapable de prévoir, par le raisonnement, les conséquences d'un fait national, de saisir le sens du mot *solidarité*, et le préjugé de couleur, que nous voyons journellement, sournois, attrister bien des foyers, sera inoffensif, et les hommes d'aventure ne pourront plus imaginer de l'invoquer. Il ne présentera plus rien de funeste pour aucun citoyen vivant d'une vie sûre et indépendante qu'il se sera faite.

Que le *parti démocrate-progressiste* réussisse à rapprocher, en vue d'une collaboration, les divers chefs de groupes politiques d'Haïti : ce ne sera encore rien. « Ventre affamé n'a pas d'oreilles ! » Il n'aura obtenu qu'une trève que

suivront les mêmes luttes qui l'auront précé-
dée. Il ne réalisera l'union durable entre les citoyens, l'union sérieuse que s'il parvient à découvrir la formule de l'organisation du travail
en Haïti, s'il parvient à introduire cette formule
de la théorie dans la pratique, à créer l'ordre qui,
résultant du développement des intérêts indivi-
duels, résistera de lui-même aux entrepreneurs
de révolutions.

Dans une brochure que j'ai écrite en 1884, en
pleine paix intérieure, brochure qui, sous quelques
rapports, n'avait pas été, peut-être, assez mûrie
et où, navré de l'état économique d'Haïti, j'appe-
lais à son secours les capitalistes français, après
avoir affirmé l'amour des haïtiens pour la France,
payant ainsi mon tribut à la politique sentimen-
tale qui, je m'en suis convaincu depuis, n'a rien
à faire en matière économique, je disais : « Pour
harmoniser les éléments jusqu'à ce jour intraitables ou incohérents de la société haïtienne,
pour prévenir les révolutions qui la remuent
sans cesse, il n'y a, incontestablement, qu'à organiser le travail national, à exploiter les richesses incalculables d'Haïti. Il serait intelligent de
profiter de l'état actuel des esprits, de la lassitude
qui a suivi la dernière insurrection.

Sans capitaux, talonnés par le temps, nous
redoutons les douloureuses vicissitudes, les ef-

forts décourageants, pleins d'amertume et d'angoisses qu'accuse notre histoire. »

Les douloureuses vicissitudes, les efforts décourageants que je prévoyais, sont venus. Il en viendra bientôt encore si une transformation sociale profonde n'y fait pas obstacle.

La question qu'aura à résoudre sans retard le *parti démocrate-progressiste* sera celle du travail à organiser.

XXVI

Dans l'état actuel des choses d'Haïti, quand on y parle de faciliter le travail, on ne saurait songer à autre chose qu'au travail agricole : c'est, en effet, par là, — il n'y a aucun doute à ce sujet, — que nous pourrons apaiser tous nos désirs les plus extravagants de bien-être et de luxe.

La question du travail se résume, pour nous, dans la création du crédit agricole.

Cette question se présente sous une forme tout à fait déconcertante, et il n'y a pas un gouvernement, en Haïti, qui ne s'y soit heurté : tous, après avoir tourné autour du sphinx, ont fini par en être dévorés.

Voici de quoi il s'agit : Un haïtien propriétaire d'un domaine rural d'une étendue seigneuriale qui devrait, cultivé, lui rapporter, bon an mal an, cinq cent mille francs de rente, par exemple, et qui ne lui rapporte pas un centime, veut, un beau jour, mettre sa terre en valeur. Outre les autres conditions nécessaires auxquelles il pourra exécuter son entreprise, il lui faut, en première ligne, de l'argent. De l'argent? Il s'adressera à un capitaliste : celui-ci exigera des garanties.

L'haïtien présentera sa terre qu'il faudra éva-
luer : or, sa terre, inculte, n'a pour ainsi dire pas
de valeur, et le capitaliste lui tournera le dos,
naturellement.

Des haïtiens ont proposé, pour relever le
prix de nos terres par le jeu de la loi de l'offre et
de la demande, l'abandon de notre tradition,
l'abrogation de nos lois qui interdisent aux étrangers le droit de propriété de la terre haïtienne.
(Je ferai remarquer, en passant, que les étrangers
ont violé et violent, c'est connu, notre tradition et
nos lois à cet égard.) Les arguments contraires
à cette opinion sont nombreux et décisifs ; mais
il n'y a pas lieu de s'y arrêter ici, car une discussion à ce propos n'aurait aucune importance pratique : le sentiment national, contre lequel il serait insensé de vouloir lutter en pareil cas,
s'oppose à la concession pure et simple du droit
de propriété aux étrangers ; le sentiment national ne se trompe pas en l'occurrence.

En Haïti comme partout, les conditions qui
doivent être remplies pour que l'exploitation des
terres en friche soit possible sont : 1° le crédit qui
procure le fonds d'établissement et de roulement
indispensable en attendant les récoltes ; 2° la police bien faite ; 3° les routes ; 4° les moyens de
transport.

Les routes, les moyens de transport, c'est l'af-

faire des pouvoirs publics et de l'initiative privée protégée par les pouvoirs publics; c'est l'affaire des départements, des arrondissements et
des communes jouissant de toute l'autonomie
compatible avec l'unité nationale, ayant leurs
ressources propres et pouvant emprunter sous la
surveillance et la garantie de l'État : il sera facile
d'avoir, à cet égard, pour nous aider et nous en-
seigner, des hommes spéciaux de France, de
Belgique ou d'ailleurs. Le pays aura, quand il le
voudra impérieusement, les routes, les moyens
de transport, une police vigilante, ferme et dé-
vouée : il n'y a rien là qui soit au-dessus de notre intelligence. Donc, la seule difficulté grave
sur le présent chapitre, c'est de procurer de l'argent au propriétaire foncier rural haïtien qui ne
dispose, maintenant, que de garanties dérisoi-
res dont il ne peut se servir.

XXVII

Si nous en étions à ce point qu'aucun capita
liste ne pût avoir confiance dans l'État, dans le
Gouvernement haïtien, le crédit agricole serait
impossible en Haïti, et il faudrait s'en remettre,
pour voir luire des jours meilleurs, à la patience,
à la sagesse de nos compatriotes. Nul ne peut
dire, alors, ou plutôt, on voit trop ce qu'il ad-
viendrait.

Mais le Gouvernement, l'État a un crédit qui
ne se peut mesurer que sur sa ponctualité à faire
face à ses engagements. Relativement à nos ressources, nos dettes sont insignifiantes : elle seront vite amorties dès que cesseront un peu le dé-
sordre dans nos finances, les *guiobes*, les dilapi-
dations. Ceci admis, et il n'y a rien en cela qui
puisse donner lieu à une contestation quelconque, voici, je crois, la formule grâce à laquelle le
problème sera résolu :

*1º L'État haïtien, dans des limites à déter-
miner par les pouvoirs publics, garantit à tout
prêteur sur première hypothèque d'un propriétaire rural haïtien, à l'échéance de son contrat, le remboursement de l'argent prêté et des
intérêts ;*

2° Sur la réquisition du prêteur, l'État se substituera aux obligations et aux droits de l'emprunteur.

Du coup, le crédit du propriétaire rural haïtien prend naissance : il peut marcher ; le capitaliste auquel il s'adressera, n'ayant rien à craindre de nos discordes intestines, lui répondra favorablement.

Si le propriétaire haïtien réussit, tant mieux pour lui, tant mieux pour sa famille, tant mieux pour le pays, la prospérité générale ne pouvant être que la somme des prospérités particulières : le gouvernement n'a pas à se mêler de ses affaires. S'il échoue, il supportera les conséquences juridiques de son insuccès : il sera exproprié. Aucun procédé plus simple et plus saisissant ne peut être découvert pour apprendre à un peuple ignorant ce que c'est que la solidarité sociale.

Dans ce système, comment l'État s'y prendra-t-il pour répondre aux engagements qui peuvent lui incomber sans qu'il s'y attende, m'objectera-t-on? D'abord, est-il possible d'admettre que l'État capable de se renseigner si aisément, chaque année, sur le rendement probable des diverses circonscriptions agricoles, puisse être tant que cela pris au dépourvu?

Ensuite, l'État peut déléguer ses devoirs et ses droits à un mandataire, à une banque agricole facile à fonder. Mais il pourra, s'il l'aime mieux, agir sans cet intermédiaire, si nous nous figurons, toutefois, le pays sérieusement réorganisé. Un mécanisme peut-être délicat, mais nullement difficile à comprendre, interviendrait alors: je ne l'expose pas ici; je n'entre pas dans les détails. Ce sera la matière d'un autre volume. J'ai voulu, en commençant cet « *Essai sur la Politique intérieure d'Haïti,* » écrire une brochure et non un livre; cette brochure, qui n'est pas terminée, est déjà plus volumineuse que je ne l'aurais voulu. Mais quel homme sachant quelque peu réfléchir, pourra douter de la possibilité de traduire en fait, de transporter dans les lois la formule que j'apporte ? Il me paraît que je me suis assez étendu sur ce sujet, pour le moment.

XXVIII

3º DE L'INSTRUCTION PUBLIQUE.

Concurremment avec la question agricole, le *parti démocrate-progressiste* devra se préoccuper de celle de l'instruction publique. L'instruction publique, en Haïti, est dans un état lamentable. Que dire à ce propos? Pour qui a vécu chez les peuples civilisés, qui a médité, il est embarrassant, il est dur de se placer au point de vue haïtien, de démontrer ce qui est évident, de traiter une question qui n'en est plus une, d'affirmer la présence du soleil en plein midi, d'être obligé de soutenir la nécessité de la propagation sérieuse de l'instruction publique dans un pays où le suffrage universel est censé être la loi suprême et où l'électeur devrait être en mesure de savoir ce qu'il fait quand il vote.

D'autres considérations nombreuses se présentent ici :

C'est, je ne dirai pas le devoir et l'honneur, — bien des gens étant indifférents à ces hautes idées, — c'est un des plus positifs intérêts d'une société d'assurer, par tous les moyens, à tous ses membres, riches ou pauvres, la possibilité

de développer sans obstacle leurs facultés intellectuelles ou morales ; c'est aussi le plus cher
intérêt de l'humanité. Un homme vaut beaucoup.
Appuyée sur un homme, une nation peut devenir
grande entre toutes les autres; faute d'un homme,
elle peut mourir. De quel prix est, pour la marche
de l'humanité, un Michel-Ange, un Raphaël, un
Christophe Colomb, un Richelieu, un Bismark,
un Pasteur, un Victor Hugo? Sait-on quelles individualités puissantes ou simplement distin-
guées il y a dans l'immense foule populaire,
quels génies ou simplement quels talents, quelles
perles dans les profondeurs de la mer?

Un système d'instruction démocratique et hu-
manitaire doit avoir pour base, à partir de l'école
primaire, le principe du concours, sagement
compris.

L'instruction est le moyen commode, précieux
et infaillible, non pas de supprimer, mais d'a-
bréger la période d'enfance d'une société.

J'ai entendu bien des haïtiens arguer de
l'extrême jeunesse d'Haïti pour expliquer son
délabrement physique et moral. Cet argument
n'a aucune valeur. Qui sont-ils donc, ces haïtiens? Du haut de quelles longues vies, de quelles
expériences patiemment amassées, modernes
Mathusalems, qualifient-ils de jeune la nation
haïtienne? Qui suis-je, moi qui écris ceci, qui

suis si heureux de mon esprit émancipé, inaccessible aux chimères qui assiègent le cerveau du commun des hommes? Mon arrière-grand-père était, sans doute, un barbare ignorant, comme le sont encore nos concitoyens, dans une proportion énorme; sans le vouloir de ses descendants, de mon grand-père, de mon père, je serais probablement aussi, à l'heure qu'il est, un pauvre ignorant, un barbare : c'est l'instruction qui m'a fait pleinement homme, qui a élevé et grandi mon cœur et mon âme; c'est par l'instruction que, à trente ans à peine, je suis vieux en comparaison de mon pays et que je peux lui donner des conseils. L'instruction rendra à d'autres le même service.

Le sujet ne présente rien de difficile : ce n'est qu'une affaire d'argent, et nous n'aurions pas à nous en occuper sans la mauvaise foi, l'égoïsme et la sottise des gouvernements passés, car l'argent n'a jamais manqué.

Tout d'abord, il est révoltant que, malgré les fortes sommes que les gouvernements font dépenser au pays pour l'instruction publique, les familles haïtiennes qui veulent procurer une instruction classique notable à leurs enfants soient obligées de les envoyer à l'étranger. Des esprits d'élite, il est vrai, sont parvenus, en Haïti même, à une culture intellectuelle remar-

quable; mais cela n'enlève rien à la justesse de
mes observations. (1)

(1) Tout le monde ne peut pas être forcé d'avoir de l'argent pour faire élever ses enfants en France.

J'ai songé bien des fois aux tout jeunes haïtiens, élèves
des Lycées de Paris où ils étaient venus prématurément,
que j'ai vus, les pauvrets, errer, tristes et le pas lourd, les
jours de sortie, dans les rues du Quartier Latin, et qui ont
été victimes du climat trop dur pour eux.

« Sans doute, ils demandaient leur mère à l'agonie,
« Mais ils sont partis seuls, comme ceux qu'on oublie,
« Etonnés de mourir sans un embrassement... »

Des français que ces faits ont frappé, m'en ont souvent
parlé : ils admettent difficilement que les mères haïtiennes qui se séparent de leurs tout petits enfants et qui les
envoient si loin d'elles, en dépit du danger connu, les
aiment.

Que les mères haïtiennes évitent qu'on puisse douter
de leur amour maternel, en réalité si profond! Tant que
l'état de l'Instruction publique en Haïti ne sera pas mo-
difié, qu'elles emmènent leurs jeunes enfants dans une
des colonies françaises voisines d'Haïti, à la Martinique
ou à la Guadeloupe : le climat de ces îles est le même
que celui d'Haïti : elles possèdent chacune un Lycée relevant de l'Université de France et des jurys d'examen
qui y délivrent des diplômes de bachelier ayant la même
valeur que les diplômes délivrés en France. Les jeunes
haïtiens pourraient, ainsi, passer leurs vacances en
Haïti; leurs mères pourraient, s'ils étaient malades, aller veiller sur eux. Toutefois, il est certain qu'ils gagne-
raient à finir leur études classiques en France : ils pourraient s'y rendre à partir de la rhétorique ou pour leur

Voici, selon moi, ce qui conviendrait au pays sur ce chapitre : la création, sous le nom d'Université d'Haïti, d'un corps enseignant pourvu des diplômes les plus considérables, recruté surtout en France ou en Belgique, largement rétribué, discipliné, relevant du Ministre de l'instruction publique et d'autorités universitaires, destiné à l'enseignement primaire, secondaire et supérieur. L'instruction primaire serait gratuite, obligatoire et professionnelle ; elle serait laissée à la charge des communes, qui seraient pourvues de ressources spéciales ; celles qui seraient trop pauvres seraient subventionnées par leurs arrondissements respectifs : la prison et l'amende au profit de la commune seraient infligées aux parents qui ne se conformeraient pas à la loi scolaire. L'instruction secondaire serait gratuite et à la charge de l'État, seulement pour les lauréats des concours annuels que le gouvernement organiserait entre les élèves de l'enseignement primaire. L'instruction secondaire serait fournie dans les Lycées actuels qui seraient reconstitués sous tous les rapports, de façon à répondre complète-

philosophie, et pour faire leurs classes supérieures de sciences ; âgés, alors, de dix-sept ans environ, ils seraient en mesure de prendre, en France, les précautions que le climat impose surtout aux gens des pays chauds et que négligent des enfants légers et inconscients.

ment à leur destination. Un programme dont ils ne pourraient pas s'écarter leur serait imposé.

L'instruction supérieure serait donnée dans des salles d'entrée d'ailleurs libre, — sauf, dans des cas particuliers, décision contraire des autorités universitaires, — à tous ceux qui le désireraient après avoir satisfait aux examens de sortie des écoles secondaires.

L'instruction supérieure, qui a pour objet d'imprimer aux esprits leur direction dernière serait à la charge de l'État. Les diplômes de l'instruction supérieure ne seraient délivrés à ceux qui les mériteraient et qui les rechercheraient qu'après le paiement d'un droit en faveur de l'État. Ceux qui seraient notoirement incapables d'acquitter ce droit en seraient exonérés.

Des écoles pratiques d'Agriculture, d'Arts-et-Métiers, dont les maîtres seraient pris à l'étranger, des Bibliothèques bien approvisionnées devraient être ouvertes.

Il faudrait maintenir l'institution des bourses à l'étranger, seulement pour l'instruction supérieure, les écoles spéciales et les arts et métiers; il faudrait en augmenter le nombre : elles seraient concédées, pour un but et un laps de temps déterminés, après concours, par contrat, à des jeunes gens d'un certain âge ; ces jeunes gens seraient surveillés, eu égard à leurs études, par une personne compétente, appointée par le Gouvernement, et qui aurait l'obligation d'adresser, sur leur travail, des rapports au moins annuels au Ministre de l'instruction publique.

Relativement à l'instruction supérieure, on pourrait se contenter, au début, de transformer à fond l'École de médecine actuelle et de faire de l'École de droit une vraie École de droit : ces deux écoles suffiraient facilement pour toute la république.

Ainsi que je l'ai dit plus haut, au moyen des bourses à l'étranger, nous aurions recours, pour former, par exemple, nos ingénieurs, les chefs de notre marine et de notre armée, à l'enseignement des Écoles de France ou de Belgique.

XXIX

Me voici au terme de ma tâche. Que vaut-elle ?
Le bon sens national, sous la sauvegarde duquel
je me place, en décidera.

Je me devais de prouver aux citoyens dont
j'avais demandé les suffrages, que je m'étais
consciencieusement préparé à les représenter.

Puissè-je y avoir réussi !

XXX

Au commencement de cet opuscule, j'ai promis de revenir sur la profession de foi que j'a-
dressai, en novembre de l'année passée, aux
électeurs de Port-au-Prince, en vue des élections pour la députation nationale qui étaient
prochaines.

Voici cette pièce :

ÉLECTIONS LÉGISLATIVES DE 1890.

CHERS CONCITOYENS,

Eloigné d'Haïti depuis longtemps, mais m'étant tenu
constamment au courant de ses affaires avec la plus
grande attention, ayant lu et médité son Histoire d'un
œil et d'un esprit libres, sans aucune idée préconçue,
ayant passé douze années — plus du tiers de mon existence — à étudier de près les mœurs et les institutions
des peuples civilisés que nous devons imiter, à puiser
dans le trésor de leur vieille expérience, j'ai peut-être ce
qu'il faut pour être votre député.

Je me dois au pays: je m'offre à lui tout entier; je lui
offre une bonne volonté absolue, un profond sentiment
de ses besoins.

J'affronterai tout pour réaliser, autant qu'il dépendra de moi, ses aspirations naturelles vers la stabilité gouvernementale, la sécurité intérieure et extérieure, le bien-être moral et matériel.

Le souvenir des malheurs qui ont frappé la Patrie depuis sa naissance, le spectacle des blessures récentes dont elle saigne à cette heure ont jeté le découragement dans l'âme de bien de nos compatriotes, de tout âge.

Ce n'est pas le découragement que j'ai rapporté de la douloureuse étude des diverses phases de notre vie nationale où j'ai vu tant d'égoïsme, tant de méchanceté, tant d'ignorance; ce n'est pas non plus une foi aveugle dans le lendemain, mais la certitude ferme, raisonnée, qu'il m'est facile d'expliquer, que l'avenir appartient à la Nation haïtienne.

Il n'y a pour elle rien de compromis, rien de perdu.

Il ne pourrait en être autrement que si elle s'abandonnait.

Or, elle ne s'abondonnera pas : elle a donné des preuves d'une vitalité extraordinaire en se maintenant malgré les germes énergiques de mort avec lesquels elle est venue au monde et qui l'ont tant tourmentée. Si elle est inquiète et triste, elle est, cependant, bien debout, en possession de ressources matérielles énormes et intactes, de populations neuves, confiantes, qu'il est possible de mener où les hommes qui les dirigent le voudront, du côté de l'aurore ou du côté de la nuit, vers le progrès ou vers la barbarie.

La Nation ne s'abandonnera pas. Elle tiendra à recueillir le prix de ses souffrances. Elle ne voudra pas que la question en discussion de l'infériorité des races humaines soit résolue, finalement et pour longtemps, contre elle qui a eu cet honneur d'incarner à un moment et de venger toute une race, de fixer les regards de l'Univers, d'être saluée par tous les philosophes, par tous les penseurs de ce siècle; elle ne se dérobera pas au grand rôle, un des premiers, que les circonstances lui permettent de jouer, elle, chétive, dans le drame de l'humanité; elle ne voudra pas tomber sous les huées de la civilisation blanche, sous les malédictions de tous les hommes de race noire jetés dans cette civilisation; elle songera qu'en même temps que sa chute, le lourd préjugé de couleur, qu'ils combattent avec succès, s'appesantirait sur eux, sur nous tous, plus brutalement que jamais.

Nos souffrances proviennent de ce que nous vivons en dehors des lois fondamentales qui régissent les nations civilisées ou celles qui sont obligées de se civiliser, de ce qu'il n'y a, chez nous, aucune institution propre à créer, à développer l'esprit conservateur.

Observons ces lois; établissons ces institutions.

L'heure est propice.

Une sotte et malheureuse lutte entre les noirs et les mulâtres d'Haïti, pour conquérir la prépondérance politique, lutte commencée dans l'ancien régime, dont elle a été une conséquence presque inévitable et poursuivie sans répit, après l'indépendance, dans un but respectivement différent de part et d'autre, réprouvée de tout temps par tous les mulâtres et tous les noirs vraiment patriotes, par tous les hommes de cœur, a absorbé, dans le passé, toute l'énergie nationale.

Nous savons ce qu'elle nous a coûté de pleurs, de ruines et de sang.

Cette lutte, d'une longueur excessive, est aujourd'hui terminée. Les partis n'ont plus qu'à se tenir solidement sur leurs positions présentes. Le temps, les mesures de prévoyance sociale que les pouvoirs publics doivent découvrir et appliquer, sous peine d'être renversés, feront le reste.

La prépondérance politique d'une fraction de la population d'Haïti sur l'autre a toujours été, même théoriquement, pour quiconque avait le bon sens d'avoir égard aux faits, une impossibilité. Aussi, des deux côtés, on ne l'a recherchée que par des moyens incohérents.

Nous avons vu tous les gouvernements précédents, noirs et mulâtres, coupables de la même incapacité, des mêmes inepties et des mêmes crimes, se heurter, à une heure donnée, à la conscience nationale, plus forte que les combinaisons des partis, se mettre sur un terrain indéfendable et se faire renverser par des coalitions de mulâtres et de noirs.

La prépondérance politique d'une partie des Haïtiens sur l'autre, c'est un sable mouvant, c'est un rocher de Sisyphe qui finirait par nous écraser si nous persistions, malgré tout, à le rouler.

Elle a été, je l'ai dit, impossible dans le passé, même théoriquement ; ce n'est pas maintenant, avec l'éveil et la défiance des esprits, plus éclairés de jour en jour, l'enchevêtrement des intérêts, l'extension des relations sociales de tous genres qu'elle pourrait devenir une réalité.

Ceux qui veulent s'obstiner à conserver cet objectif n'ont qu'à marcher : ils verront où ils arriveront.

Des guerres civiles que nous avons subies est sortie, irrévocablement, l'égalité politique de tous les Haïtiens.

C'est là, c'est dans le respect des droits de chacun, dans la justice, dans la fraternité que le Pays trouvera le repos et la prospérité.

Constituons donc, enfin, notre Société haïtienne dans des conditions régulières, sur des bases rationnelles et inébranlables ; rendons-y possible le travail ; organisons sérieusement l'instruction publique ; faisons en sorte que les facultés physiques et intellectuelles de l'individu puissent se développer sans obstacle.

Relativement à ces questions d'une importance si capitale, qui priment toutes les autres, et de qui, dans les pays civilisés, tout dépend ; relativement aux questions secondaires, bien graves aussi, qui se sont imposées à notre attention, je voudrais présenter quelques solutions. Je voudrais les soumettre au Pays avec quelque autorité.

Même si elles doivent être jugées inefficaces, elles serviront, du moins, à provoquer des discussions, un travail précis, positif des intelligences nationales, si nombreuses, et qui ne peut être infructueux.

Je voudrais collaborer à l'œuvre de civilisation que vont, je n'en doute pas, entamer quelques-uns de mes amis, de ma génération, qui ont été membres de la dernière Assemblée Constituante et qui seront, j'aime à le croire, envoyés à la prochaine Chambre.

CHERS CONCITOYENS,

J'ai l'honneur de solliciter de vous le mandat de vous représenter à la prochaine législature.

Puisque vous êtes las des avortements, des tâtonnements dans les ténèbres, des déceptions, des colères, des luttes intestines stériles et sanglantes, du gâchis; puisque vous êtes las de souffrir; puisque vous souhaitez la paix publique, un gouvernement large et démocratique, vous m'accorderez vos votes; vous les accorderez, en grand nombre, à des hommes très renseignés sur les faits écoulés, mais exempts de de tous préjugés, de toutes haines préventives, à des hommes à qui vous êtes en droit de supposer quelque compétence, et qui inaugureront une politique méthodique.

Pour moi, je vous le répète, je n'épargnerai rien, à l'occasion, pour trouver, dans la mesure de mes faibles moyens, les remèdes que nécessite la situation : ces remèdes ne peuvent être introuvables.

J'y ai, d'ailleurs, songez-y, comme tous les hommes de ma génération, un intérêt personnel particulièrement impérieux; car, si cette situation ne se transforme pas, Haïti deviendra pour nous un enfer inhabitable, la vie nous sera fermée.

De l'association des efforts patriotiques de cette génération avec l'expérience de ses devanciers, instruits par les événements auxquels ils ont participé, résultera le bonheur d'Haïti.

Je vous conjure de réfléchir à ces considérations.

Emmanuel ÉDOUARD,

Licencié en droit de l'École de Paris.

Paris, le 20 novembre 1889.

C'est, on le voit, le résumé de mes idées sur toute notre politique. Ces idées sont, il me semble, les seules rationnelles.

Sans doute, quand les grands problèmes que je viens d'examiner dans leurs grandes lignes seront, en fait, résolus, nous ne serons pas délivrés de tout souci; des problèmes ardus attendent depuis longtemps leur solution : mais ils sont d'importance secondaire et ils deviendront moins difficiles; d'autres pourront se dresser encore devant nous: mais ils seront comme ceux, normaux, qui surgissent dans tous les pays et dont l'intelligence, le patriotisme viennent toujours à bout; ils n'auront pas le caractère irritant ou odieux de ceux qui nous pressent aujourd'hui si impitoyablement; ils n'auront pas trait aux bases même de notre nationalité.

Chaque fois que s'écroule un de nos gouvernements de hasard, ne nous écrions donc pas, découragés, nous laissant aller comme si nous nous savions voués à une mauvaise et inéluctable destinée, que le pays est perdu. Réfléchissons.

Non, le pays n'est pas perdu : l'avenir dépend absolument de nous; nous pouvons nous relever sous les fatalités qui nous accablent.

J'ai le ferme espoir que l'heure ne tardera pas à sonner où Haïti suffisamment informée, persuadée que son sort est dans ses mains, voudra se confier à la politique que je préconise et l'imposer aux politiciens, s'ils y résistent; c'est pour hâter cette heure que j'ai recherché et que je rechercherai, au moment propice, un mandat de député du peuple, n'oubliant pas combien ce mandat est de piètre valeur, combien il a été avili chez nous, mais prêt à tous les sacrifices, à toutes les initiatives pour le peuple, pour le droit, pour le progrès, convaincu qu'exercé par un homme de cœur, de sens et d'énergie, il peut tenir lieu d'une épée et d'un bouclier de premier ordre.

J'ai le ferme espoir que ce petit livre que j'ai écrit sous l'impression de vives, de profondes douleurs patriotiques sera lu et rapportera quelque fruit; que je n'aurai pas perdu mon temps;

que mon appel aux hommes de bonne volonté,
aux citoyens loyaux, à la grande majorité des
haïtiens de toutes les couleurs qui ont tant souf-
fert, qui souffrent tant, sera entendu ; j'ai le ferme
espoir que le *parti démocrate-progressiste haïtien*, le parti de la conciliation et de la réconciliation, se formera pour consolider notre nationalité.

Écoutons attentivement la voix de Jean-Jac-
ques Dessalines, le fondateur de notre Indépen-
nance, qui nous dit avec une incomparable autorité : « Noirs et Jaunes que la duplicité raffinée
des Européens a cherché si longtemps à diviser,
vous qui ne faites aujourd'hui qu'un même tout,
qu'une même famille, n'en doutez pas : votre
parfaite réconciliation avait besoin d'être scellée
du sang de vos bourreaux. Mêmes calamités ont
pesé sur vos têtes proscrites, même ardeur à
frapper vos ennemis vous a signalés, même sort
vous est réservé, mêmes intérêts doivent donc
vous rendre à jamais unis, indivisibles et inséparables. Maintenez cette précieuse concorde,
cette heureuse harmonie parmi vous : c'est le
gage de votre bonheur, de votre salut, de vos
succès ; c'est le secret d'être invincibles. » (Proclamation de J.-J. Dessalines à la nation ; 28 avril
1804, an 1er de l'Indépendance d'Haïti.)

FIN

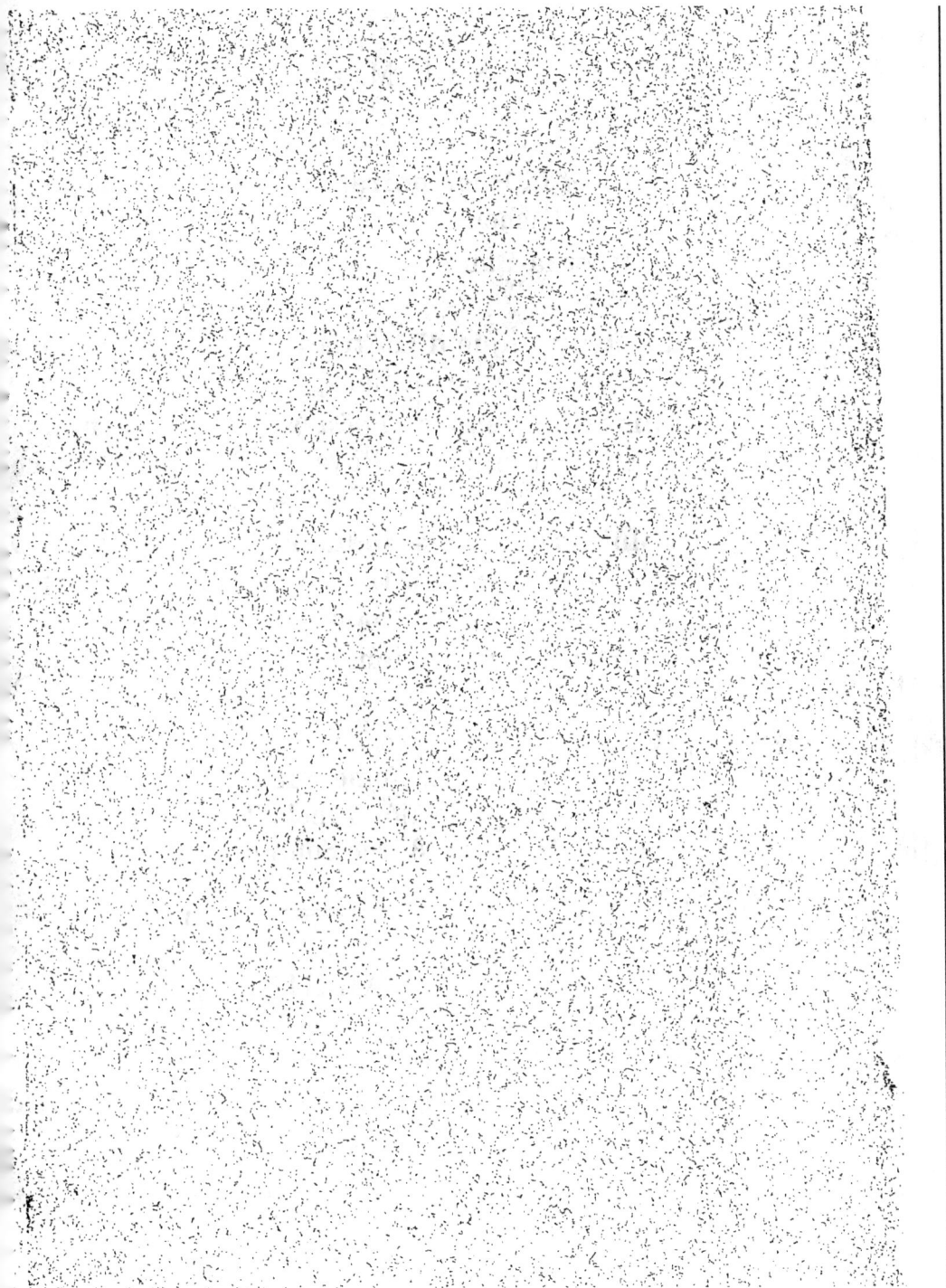

OUVRAGES DE M. Emmanuel EDOUARD

Haïti et la Race noire. Derenne. Paris, boulevard
Saint-Michel.

Haïti et la Banque agricole et foncière. Chez
même.

**La République d'Haïti à l'Apothéose de Victor
Hugo.** Chez le même.

Rimes haïtiennes. *Poésies.* 1 vol. E. Dentu, éditeur ; Paris, Palais-Royal, et Port-au-Prince, chez
l'auteur, Grand'rue.

**Solution de la crise industrielle française. — La
République d'Haïti.** etc. — Ghio, éditeur, Paris, Palais-Royal, Galerie d'Orléans.

Le Panthéon haïtien. *Prose et Poésie.* Chez le
même.

**Recueil général des Lois et Actes du Gouver-
nement d'Haïti.** Tome VII et VIII. *Publication
officielle.* (Collection Linstant Pradine). Pedone
Lauriel, Paris, 13, rue Soufflot.

———

A PARAITRE :

LETTRES ET NOTES SUR L'HISTOIRE D'HAITI

J. P. Boyer. — Charles Hérard aîné. — Ph. Guerrier

Empire de Faustin Ier.

Paris. — Imp. Baudelot et Méliès, 16, rue de Verneuil.

www.ingramcontent.com/pod-product-compliance
Lightning Source LLC
Chambersburg PA
CBHW070759290326
41931CB00011BA/2071

Top 10 American Political Books for 2018

Books full of big time solutions for important domestic issues

We did our part in bringing all of these domestic solutions to you in their full versions and again in this Whitman's Sampler, CliffsNotes-like version. In each chapter of this sampler, you'll find a book purpose section followed by an introduction, followed by a Preface and a few chapters. To differentiate chapters of the top ten book from the about books, we use a Ch designator rather than Chapter, followed by the Chapter number. That's all we need right here for an intro. A detailed intro is provided in Chapter 1. Here are the titles of the Top Ten American Political Books for 2018. Enjoy!

1. Taxation Without Representation Fourth Edition-- Can the U.S. avoid another "Boston Tea Party?"
2. DELETE the EPA! EPA agenda is not to save human lives. Is its insidious goal world population control?
3. Deport All Millennials Now! It ought to be easy. They'll line up like it's a free vacation
4. No Free Lunch—Pay Back Welfare The first book that recommends that welfare should not be free money
5. Wipe Out All Student Debt Now! Unique solutions to the $1.45 Trillion debt accumulation
6. Boost Social Security Now! A solution to get Seniors out of the poorhouse; Hey buddy, can you spare a dime?
7. Legalizing Illegal Aliens Via Resident Visas A great Americans-first plan which saves $trillions. Learn how!
8. Pay-To-Go--An America-first immigration fix. No more deportations, except for bad guys
9. Obamacare: A One-Line Repeal Congress must get this done.
10. 60 Million Illegals in America!!! A simple, America-first solution!

BRIAN W. KELLY

LETS GO PUBLISH

Copyright 2018 Brian W. Kelly
Top 10 American Political Books for 2018
Editor   Brian P. Kelly
Author   Brian W. Kelly

Disclaimer: Though judicious care was taken throughout the writing and the publication of this work that the information contained herein is accurate, there is no expressed or implied warranty that all information in this book is 100% correct. Therefore, neither LETS GO PUBLISH, nor the author accepts liability for any use of this work.

Trademarks: A number of products and names referenced in this book are trade names and trademarks of their respective companies.

Referenced Material: *The information in this book has been obtained through personal and third-party observations, interviews, and copious research. Where unique information has been provided or extracted from other sources, those sources are acknowledged within the text of the book itself or at the end of the chapter in the Sources Section. Thus, there are no formal footnotes nor is there a bibliography section. Any picture that does not have a source was taken from various sites on the Internet with no credit attached. If resource owners would like credit in the next printing, please email publisher.*

Published by: LETS GO PUBLISH!
Publisher: Brian P. Kelly
Editor: Brian P. Kelly
P.O Box 621   Wilkes-Barre, PA   www.letsgopublish.com
Library of Congress Copyright Information Pending
Book Cover Design by B. W. Kelly;
Editing and original writing by B. P. Kelly

ISBN Information: The International Standard Book Number (ISBN) is a *unique machine-readable identification number, which marks any book unmistakably. The ISBN is the clear standard in the book industry. 159 countries and territories are officially ISBN members. The Official ISBN for this* book is also on the outside cover: **978-1-947402-29-4**

The price for this work is: **$9.95 USD**

10   9   8   7   6   5   4   3   2   1

Release Date: January 2018

LETS
GO
PUBLISH!